틀을 깨려는
용기가 필요해

카이스트 교수가 가르쳐주는
학교와 학원에서 배울 수 없는 것

틀을 깨려는

용기가
필요해

노준용 지음

이지북
ez-book

CONTENTS

에리히 프롬의 '존재를 위한 삶'의 철학을 가장 잘 보여주는 책

김대식(카이스트 전기 및 전자과 교수)

에리히 프롬(Erich Fromm)은 『소유냐 존재냐』라는 책에서 소유를 위한 삶이 아닌, 존재를 위한 삶을 살아야 한다고 한 바 있다. 카이스트 문화기술대학원 노준용 교수의 『틀을 깨려는 용기가 필요해』는 프롬의 철학을 가장 잘 보여주는 책이다.

대한민국을 넘어 할리우드에서도 인정받는 세계 최고의 컴퓨터 그래픽 전문가, 미국 명문대 최우수 성적 졸업, 카이스트 석좌교수…… '헬조선'에 산다며 자신의 삶을 원망하는 대한민국 젊은이들이 꿈꾸는 대부분을 이미 이룬 삶이다. 하지만 노준용 교수는 강조한다. 성공을 위한 성공만을 꿈꾼다면 결코 성공을 이룰 수 없다고. 공부만 잘하면 된다고 생각한다면 그 무엇도 잘되지 않을 거라고 말이다.

성공은 행복을 위한 것이고, 행복은 왜 살아야 하는지를 알아야 가능하다. 그러나 삶의 이유는 교과서에서도, 노벨상 수상자한테도 배울 수 없다. 인생을 살아봐야만 느낄 수 있는 것이 바로 삶의 의미다. 평생 공부와 성공만을 강요하는 대한민국에서 경험하는 인생은 '삶의 코스플레이'일 뿐이다. 실패도, 행복도, 불행도, 사랑도 모두 내가 원하는 방식으로 경험한 '나만의' 인생이 행복과 성공의 필수 조건이라는 사실을 노준용 교수의 책은 너무나도 잘 보여준다.

추천의 글

노준용 교수를 통한 할리우드의 간접 체험은
이 시대를 살아가는 데 귀한 경험이 될 것이다

서승욱(전 소니 픽쳐스 애니메이션, 이펙츠 테크니컬 디렉터,
3D 스튜디오 맥스 & 힌트 시리즈 저자)

10여 년 전쯤 미국 LA 근처 출근길 차 안에서 길을 걸으면서도 책 읽기에 빠져 있던 한 동양인을 보았다. 미국에서도 저렇게 공부를 하는 사람이 있나 하고 다시 봤는데, 그가 바로 지금의 노준용 교수다. 나중에 그가 이룬 많은 일들을 생각하면 그때의 기억이 더욱 강렬해진다.

할리우드에서 다년간 일하며 내가 느낀 건 한 사람 한 사람이 세계 최고라는 자부심을 갖고 노력하기 때문에 세상을 깜짝 놀라게 하는 블록버스터 영화를 만들어낼 수 있다는 것이다. 단 한 번도 쉬운 프로젝트는 없었고, 어려웠던 만큼 성장하는 곳이 할리우드이다.

이 책은 그래픽 아티스트가 아닌 엔지니어로서 노준용 교수

의 눈에 비친 할리우드를 보여준다. 겉은 화려하지만 속은 치열한 전쟁터인 그곳에서 어떻게 세계 최고의 CG를 만들어내고 어떻게 세계 영화계를 이끌어가는지를 생생하게 알 수 있다.

노준용 교수의 삶의 궤적을 따라가다 보면 중요한 것은 눈앞에 닥친 문제가 아니라 그 문제를 해결하기 위해 '올인'하는 노력이며, 이런 과정을 겪어낸 자만이 성공이라는 짜릿한 열매를 얻을 수 있다는 것을 간접적으로 체험하게 해준다. 책에 담긴 삶의 균형과 행복에 대한 그만의 독특한 시선은 이 시대를 살아가는 젊은이들이 귀담아 들을 만한 귀한 조언이다.

성공한 삶은
자신이 좋아하는 일을 하는 것이다

김태용(삼성전자 상무, 전 리듬 앤 휴즈 스튜디오 그래픽스 사이언티스트)

　　대학교와 대학원을 거치면서 한때는 빨리 롤모델을 찾아서 닮은 삶을 살고 말겠다는 생각을 한 적이 있었다. 그런데 결국은 그냥 내가 하고 싶은 일을 하면서 살아야겠다는 결정을 내리고 리듬 앤 휴즈 스튜디오에서 사회생활의 첫발을 내디뎠다. 그때 힘들게 박사 학위를 받았는데 왜 한국으로 돌아가서 교수가 되려고 하지 않느냐는 말을 들었던 기억도 난다. 그렇게 세상 물정 모르는 신세대로 기성세대들의 염려와 걱정을 신물 나게 받으며 살았던 적도 있었건만, 어느덧 시간이 흘러 이제는 내가 기성세대의 일원으로 살아온 삶의 이야기를 하는 입장이 되었다.

　　노준용 교수의 『틀을 깨려는 용기가 필요해』는 독자들에게 어떻게 하라고 이야기하지 않는다. 그저 가장 성공한 삶은 자신이 좋아하는 일을 하는 것이고, 다른 사람의 성공담을 동경하거나 맹목적으로 모방할 필요는 없다. 성취 그 자체보다 그 과정을 즐기는 편이 더 행복한 삶이라는 이야기를 담담하게 할 뿐이다. 그리고 그간 기성조직과 경직된 세상 속에서 그가 어떤 도전을 해왔는지를 보여준다. 이 책은 그처럼 새로운 도전을 꿈꾸는 세대에게는 삶에 대한 더없는 참고서가 되어줄 것이고, 이미 도전 속에서 살고 있는 기성세대에게는 동지의식과 리더십에 대한 길잡이가 되어줄 것이다.

추천의 글

지금 내가 알고 있는 것들을
조금만 일찍 알았더라면

2006년 가을, 처음 카이스트 교수로 부임하면서 나는 언론으로부터 과분한 스포트라이트를 받았다. 미국에서 〈나니아 연대기〉, 〈수퍼맨 리턴즈〉, 〈가필드〉, 〈80일간의 세계 일주〉 등 굵직한 할리우드 블록버스터의 특수효과 제작에 참여했던 전문가가 한국의 대학교 교수로 온다는 것이 세간의 관심을 끈 것이다. 이삿짐도 미처 다 싸지 못했는데 인터뷰 요청이 정신없이 밀려들었다. 미국은 어떻게 가게 되었으며 미국에서는 무슨 일을 했는지, 그리고 다시 한국행을 결심하게 된 이유는 무엇인지에 대한 질문들이 쏟아졌다.

16년 만에 나는 CG 분야의 최고 전문가가 되어 고국으로 돌아왔다. 미래의 세계 경제를 이끌어갈 핵심 산업으로 콘텐츠 분야가 막 주목을 받기 시작할 무렵이었다. 경공업에서 중화학공업으로, 다시 전자 산업으로 옮겨간 세계 산업의 중심은 이제 하드웨어에서 소프트웨어, 그리고 콘텐츠 산업으로 영역을 확장하고 있었다. 그 와중에 영화와 컴퓨터 애니메이션 등으로 대표되는 콘텐츠 산업에서 한국이 국제적 경쟁력을 키우기 위해서는 국제적인 감각을 갖춘 R&D 인력이 절실했다. 16년이라는 적지 않은 시간 동안 미국에 뿌리를 내리고 살아온 내가 가족들을 이끌고 귀국을 결심하기까지는 그리 오랜 시간이 걸리지 않았다. 그동안 할리우드에서 보고 배운 현장 경험과 노하우들로 내 나라에 보탬이 되는 일을 하고 싶다는 바람이 나를 이끌었다. 한국의 콘텐츠 산업을 한 단계 발전시키는 데 부족하나마 디딤돌의 역할을 할 수만 있다면 그것으로 보람은 충분하다고 생각했다.

내가 책임자로 있는 카이스트 비주얼 미디어 연구실은 CG 산업에 직접적으로 기여할 수 있는 연구에 초점을 맞추고 있다. 아무리 학술적으로 의미가 있는 논문이라고 할지라도 실제 산업현장의 제한적인 조건들을 제대로 고려하지 않았거나 현실성이 떨어지는 가정에 근거한 것이라면 쓸모없는 종이 쪼가리나 다름없기 때문이다. 이렇게 탄생한 연구 결과는 매년 2만 명 이상이 모이는 CG 분야 세계 최고의 학술대회인 ACM 시그그래프(SIGGRAPH)에 채택되어 소개되기도 하였다. 그리고 영화 〈아바타〉로 유명한 뉴질랜드의 세계적인 특수효과 제작회사 웨타 디지털(Weta Digital)과

공동으로 연구한 기술은 영화 〈호빗〉의 주요 캐릭터를 제작하는 데 사용되었다. 2011년에는 카이스트 기술 혁신상을 받았고, 같은 해 카이스트 석좌교수의 타이틀을 받았다. 2013년에는 우리 연구실에서 개발한 기술들이 카이스트를 대표하는 10대 R&D 연구 성과로 뽑혔다.

그러나 나는 실패가 뭔지 모르고 승승장구하며 살아온 사람들과는 거리가 멀다. 오히려 공부를 잘하고 싶은 마음은 누구보다 간절했던 모범생이었지만 결과는 번번이 뒤통수를 맞는 쪽에 가까웠다. 이 세상이 저 혼자 밤새가며 발버둥을 친다고 해서 들인 노력만큼 정직하게 결과가 나오는 곳이 아니라는 것을 일찍 알게 되었다. 그래서 나는 학생들에게 공부하라는 잔소리를 하지 않는다. 스스로에게 동기를 부여하고, 실패를 하더라도 의연하게 대처하며, 주변 환경을 내 편으로 만드는 법을 배우는 것이 인생에서 훨씬 더 중요하다는 것을 알기 때문이다.

그리고 가끔은 지금 내가 알고 있는 것들을 조금만 일찍 알았더라면 얼마나 좋았을까, 하는 생각이 들 때가 있다. 이제는 좀 더 나은 삶을 위해 어떤 것이 옳은 선택인지 알 것 같기 때문이다. 시간을 거슬러 다시 살 수는 없으나 길 위에 서 있는 사람들에게는 아직 기회가 있다. 다르게 살고 싶다면, 달라지면 된다!

공학 교수인 내가 책을 쓰려고 마음을 먹은 것은 살아오면서 경험하고 배운 것들, 내 삶의 원동력을 공유하고 싶어서다. 살기 힘든 시대라는 소리는 언제나 있어왔지만 청년 실업과 수저 계급론이 언급되는 지금의 삶이 더 야박하고 가혹한 것은 틀림없다. 그래서 한 치의 앞도 보이지 않는 정글에 갇힌 것 같은 상황에서 결국 무엇이 중요하고 어떻게 사는 것이 의미 있는 선택인지 내가 깨달은 대로 정리해 보았다. 오늘에 치이고 내일이 불안한 사람들에게 작은 보탬이 되었으면 하는 마음이다.

노준용

행복의
정의

행복하게 만들어주지도 못할 공부를 왜 우리는 지금 이 순간에도 그렇게 열과 성을 다해
하고 있는 것인가? 왜 그토록 옆 사람을 물리치고 경쟁에서 이기기 위해 아등바등하고 있
는가? 이러한 의문들은 삶을 바라보는 나의 태도를 바꾸어놓기 시작했다.

삼수생의 유학

'시간이 자꾸 흘러가는데 왜 한 문제도 못 풀겠지? 왜 이렇게 어려운 거야…… 이러다 올해도 망치겠어. 이거 어떻게 하지? 이 거 진짜 어떻게 하지?……' 심장이 덜컥하고 내려앉으며 가슴에 시커먼 구멍이 뻥 뚫린 것 같은 느낌에 벌떡 하고 일어나 앉는다. 새벽 2시. 12월의 칠흑 같은 어둠 속이다. 미국으로 유학을 온 이후 매년 이맘때면 연례행사처럼 며칠씩 같은 악몽을 반복한다.

벌써 졸업을 앞둔 대학 4학년. 미국에서 손꼽히는 명문 사립 대학인 USC에서 전기전자공학을 전공하고 있는 나는 학교에서도 알아주는 모범생이다. 새로운 수업에 들어가면 전공 교수님들이 내 이름을 어떻게 알았는지 반갑게 맞아주신다. 몇 학기 연속 전 과목 A의 성적표로 한국에서 온 유학생들 사이에서 내 이름은 전

설이 되었다. 이 정도면 만족스러운 대학생활이라고 어디 가서 자랑할 만하지 않은가. 그런데 그만 벗어날 때도 되었건만 반짝이는 크리스마스 장식들이 가슴을 설레게 만드는 12월이면 나는 한국에서 대학 입학시험을 치르던 그날로 어김없이 되돌아가곤 한다. 가슴속 깊은 곳에 자리 잡은 상처는 오랜 시간이 흐른 지금까지도 나를 짓누르고 있다. 모래알을 씹는 것 같았던 그날 저녁 밥상을 나는 지금도 생생하게 기억하고 있다.

대학 입학시험을 치른 뒤 해방감을 만끽하며 며칠을 보냈다. 친구와 저녁을 먹고 들어가겠다고 집에 전화를 했더니 어머니의 한숨 섞인 묘한 목소리에 뭔가 불길한 예감이 뇌리를 스쳤다. 당장 약속을 취소하고 집으로 달려갔다. 어머니가 미리 전화로 확인한 대학 불합격 통보가 나를 기다리고 있었다.

어머니가 차려주신 저녁상의 윤기 흐르는 하얀 쌀밥이 바닷가 모래알처럼 입 안에서 서걱거렸다. 밥알을 씹을 수도 삼킬 수도 없어 그냥 우물거리며 물고만 있었다. 그렇게 두어 숟가락을 억지로 입에 밀어 넣다가 포기했다. 샤워를 하겠다고 욕실로 들어가서 물을 틀어놓고 몇 시간을 울었다. 초등학교부터 고등학교까지 TV 한 번 마음 놓고 보지 못했고, 친구들이랑 제대로 놀아본 적도 없고, 가족 여행 한 번 신나게 가보지도 못한 채 하루 종일 공부에 매달린 것이 12년이었다. 그렇게 긴 시간을 희생했는데 나에게 돌아온 것은 대학 입시 실패라는 낙인이었다. 그래도 이렇게 주저앉을 수는 없다고 마음을 가다듬었다. 대학 가서 실컷 놀아보자던 계획을 1년만 뒤로 미루는 것이다. 지금까지도 버텼는데 그까짓 1년을 더 못 버티랴. 그 당시 제일 잘나가던 재수학원에 고등학교 성적표를 보여줬더니 두말 않고 나를 받아주었다. '저 집 아들 공부 잘한다고 난리더니 대학을 왜 못 간 거래?'라는 수군거림을 듣고 싶지 않아 한눈 한 번 팔지 않고 재수생 시절을 보냈다.

그다음 해. 분명 실력은 1년 전보다 훨씬 좋아졌는데 결과는 똑같았다. 또 불합격이었다. 2년 연속으로 입시 전날 잠을 한숨도 못 잤으니 시험 당일에 제대로 머리가 돌아갈 리가 없었다. 두 번이나 미역국을 먹고 나니 이제는 내 탓보다 남 탓을 하지 않고는 견딜 수 없는 심정이 되었다. 한국이 싫고 세상이 싫어졌다. 물론 대학의 수준을 낮추어 지원하는 것도 안전한 방법이겠지만 그것만큼은 스스로 용납이 되질 않았다. 다른 사람이 나를 어떻게 평가하든 내가 나를 평가하기를 명문대 학생이 되기에 조금도 모자람이 없다고 믿었기 때문이었다.

삼수 말고는 답이 없었다. 그러나 어딜 가도 부끄러웠다. 삼수생이라는 꼬리표가 따라다니는 현실과 내가 지금 있어야 할 곳은 입시 학원이 아닌 명문대 캠퍼스라는 이상의 괴리는 나를 점점 한계상황으로 몰아갔다. 친구들과도 연락을 끊었다. 대학생인 그들에게 내 초라한 모습을 보여주고 싶지 않았다. 나는 인생의 패배자였다. 활달하고 적극적이던 나는 말없이 책만 들여다보는 삼수생이 되어 있었다. 이대로 영영 낙오자가 되어 전전긍긍하는 삶을 살지도 모른다는 두려움이 숨통을 죄어왔다.

한없이 황폐해져가는 나를 보다 못한 부모님이 유학을 권유하셨다. 위로 다섯 누이를 둔 외동아들인 나를 적어도 대학 문턱은 밟게 해야겠다는 생각에서 내리신 결정이었다. 한국에서는 내리 두 번이나 진흙탕에 코를 박았던 내가, 고등학교 성적표와 자기 소개서, 추천서만으로 몇몇 미국 명문대학교에서 합격 통지서를 받았다. 허탈했다. 그리고 이 상황이 이해가 되지 않았다. 전 세계 대학 랭킹으로 보면 우리나라 최고의 대학보다 더 앞서 있는 미국 대학에 왜 훨씬 더 쉽게 들어갈 수 있는 것인가? 그렇다면 왜 나는 이런 대안을 처음부터 생각하지 못하고 그동안 전전긍긍하며 혼자 괴로워하고 있었다는 말인가. 하지만 그러한 생각들은 내 머릿속에 오래 머물러 있지 않았다. 고등학교 때까지 내가 살고 있는 우주의 전부였던 한국에서 나는 사회의 낙오자이자 패배자임을 스스로 인정하며 괴로워하고 있었기 때문이었다. 국가라는 틀이 내가 활동하는 영역의 한계가 될 수 없다는 것을 깨달은 것은 시간이 흐른 후였다.

1990년 8월 8일, 미국행 비행기를 타기 바로 전날까지도 나는 입시학원에 나가 평상시와 다름없이 수업을 듣고 공부를 했다. 머리로는 그 모든 것이 이제 더 이상 내게 아무런 의미도 없다는 것을 알고 있었지만 삼수생의 유학은 결코 자랑스러울 수가 없는 일이었다. 입시에서 해방되는 것이 정당치 못한 도피처럼 여겨졌다. 그래서 연말에 다시 한국으로 돌아와 대학 입시를 봐서라도 정정당당하게 나 자신을 증명하고 싶었다. 그렇게 내 안에 깊이 박혀버린 실패에 대한 강박이 매년 12월이면 어김없이 악몽으로 나를 찾아오게 된 것이다.

파란만장한 과정을 거쳐 미국에서의 대학생활을 시작했다. 고등학교 때는 대학만 가면 TV도 실컷 보고 수업도 땡땡이치고 친구들이랑 놀러 다니자고 마음을 먹었었지만 나는 수험생 때보다도 더 열심히 공부를 했다. 실패할까 봐 노심초사하며 하는 공부가 아니라, 내가 진정으로 하고 싶은 공부를 하는 것은 효과적이었다. 수업도 재미있었고 틈이 날 때마다 도서관에 가서 예습과 복습을 하는 시간도 즐거웠다. 공부가 재미있으니 당연히 성적도 잘 나올 수밖에 없었다. 미국 대학에서 전체 졸업생 중 극소수에게만 수여하는 상인 마그나 쿰 라우디(Magna Cum Laude)를 받으며 우등으로 졸업했다. 고등학교 교과서 말고는 따로 영어 과외 한 번 받은 적이 없었고 대학 입시도 두 번이나 실패했던 내가 마침내 스스로에 대한 믿음을 증명해낸 것만 같았다. 삼수생의 트라우마는 대학원에 들어가서야 조금씩 옅어지면서 12월이 되어도 더 이상 악몽을 꾸지 않게 되었다.

한국의 교육열은 오바마 대통령도 칭찬했을 정도이다. 영토

대국들에 비해 작은 땅덩이를 가진 나라임에도 불구하고 1997년에 국내 총생산(GDP) 규모가 세계 11위를 기록할 만큼 경제 대국의 입지를 노리게 된 것도 열심히 공부한 인재들이 많기 때문일 것이다. 그런데 국제적 경쟁력을 향한 교육의 열기는 날이 갈수록 뜨거워지는데 반해 정작 한국인들의 행복지수는 OECD 국가들 중 최하위 수준인 33위라고 한다. 그리고 미국의 여론조사 기관인 갤럽이 2012년 말 148개국에서 천여 명씩을 대상으로 '행복감을 느끼는 정도'를 조사한 결과 한국인들의 행복 순위는 97위로 나타났다. 모든 걸 포기하고 열심히 공부해서 자신이 원하는 대학에 간 사람들이 만들어낸 경제대국. 하지만 그 구성원들의 행복지수는 세계 최하위. 행복하게 만들어주지도 못할 공부를 왜 우리는 지금 이 순간에도 그렇게 열과 성을 다해 하고 있는 것인가? 왜 그토록 옆 사람을 물리치고 경쟁에서 이기기 위해 아등바등하고 있는가? 이러한 의문들은 삶을 바라보는 나의 태도를 바꾸어놓기 시작했다.

세상 물정 모르던 어린 시절, 내 인생의 유일한 목표는 삶이 주는 모든 재미를 포기하고서라도 열심히 공부해서 명문대에 진학하는 것이었다. 흥미 없는 과목들까지 오로지 성적표를 위해 죽기 살기로 공부했다. 그 모든 희생은 나중에 대학 합격증 하나로 모두 보상받을 수 있을 거라고 생각했다. 그런데 그 대학 합격증이 나라는 존재의 가치를 도매금으로 끌어내리는 것을 경험했다. 그

때는 정신적으로 완전히 빈털터리가 되며 망가졌지만 그 이후 또 다른 선택들을 하고 시간이 흐르고 나서야 깨달은 것은 대학 입학이 끝이 아니라는 것이다. 원하는 대학에 들어가는 것은 순간의 기쁨일 뿐 그것이 지속적인 행복을 보장해주지 못한다. 그 이후에 다시 모든 걸 포기하고 다음 목표를 위해 또 나아가야 한다면, 경쟁 사회에서의 고통을 감내해야 하는 시간만이 지속적으로 내 앞에서 기다리고 있을 뿐이다. 게다가 열심히 한다고 인생이 매번 원하는 방향으로 풀린다는 보장도 없다.

　이를 악물고 공부를 하면서 전혀 행복하지 않은 것은 행복을 어디서 찾아야 할지 모르기 때문이다. 진정 즐겨야 하는 것은 결과가 아니라 과정이다. 내가 좋아하는 야구팀을 보러 경기장에 가는 것은 그 야구팀이 이길 가능성이 높아서가 아니라 박진감 넘치는 경기를 즐기기 위해서다. 그러다가 내가 응원하는 팀이 진다고 해도 경기가 충분히 즐거웠으므로 아쉬움은 남을지언정 경기장에서 보낸 시간이 아깝게 느껴지지는 않는다. 학창 시절의 끝을 삼수의 악몽으로 장식한 것이 내게 극복하기 힘든 상처로 남았던 것은 대학 입시를 위해 공부만 하던 학창 시절이 내게 그리 행복하지 않았기 때문이다. 명문 대학에 가는 것을 목표로 하되 공부하는 것이 좋았고 학창 시절 자체가 즐거웠다면 평생에 깊이 남을 트라우마는 생기지 않았을 것이다. 결과는 한순간이지만 과정은 길다. 과정에서 소소한 즐거움을 놓치지 않아야 행복도 길어진다. 과정을 즐

틀을 깨려는 용기가 필요해

길 줄 알아야 나중에 결과가 어떻든 상처받지 않을 수 있다. 대학 생활에서의 공부가 더없이 즐거웠던 이유는 그 과정에서 나는 충분히 행복했기 때문이다.

초등학교 1학년생의 야망

동네 친구들이 모두 유치원에 갈 시간에 나는 방바닥에 배를 깔고 엎드려 '일일 공부'라고 불리던 가정 학습지를 풀곤 했다. 나도 병아리 같은 노란색 옷을 입고 친구들 손을 잡고 유치원이라는 데를 가보고 싶었지만 어린 눈에도 아홉 식구가 끼니 걱정을 해야 하는 집안 사정이 빤히 보이는데 유치원에 보내달라는 소리를 감히 꺼낼 수는 없었다.

초등학교에 들어가서 첫 시험을 치렀다. 전교에서 전 과목 백점을 받은 아이는 나 한 명뿐이었다. 전교생 6천여 명이 모인 전체 조회 시간에 박수갈채를 받으며 단상 위에 올라가 우등상을 받았다. 뜨거운 감동이 북받쳐 오르면서 유치원에 한 번도 가보지 못한 한이 순식간에 녹아내렸다. 그 순간, 나는 다짐했다. 앞으로 공부

틀을 깨려는 용기가 필요해

로 꼭 성공을 하고 말리라. 공부는 누구에게도 지지 않으리라. 그 이후로 학교 행사의 대표는 줄곧 내 몫이었다.

그런데 성공이라는 것이 자로 잰 듯이 내가 남들보다 공부를 좀 더 열심히 했다고, 내 실력이 남들보다 뛰어나다고 항상 나에게 돌아오지만은 않는다는 것을 깨닫는 데는 그리 오랜 시간이 걸리지 않았다. 2학년이 된 지 얼마 지나지 않아 담임선생님이 나와 다른 친구 한 명을 교무실로 불렀다. 그리고 질문을 하기 시작했다. "집에 TV 있니?" 우리는 나란히 "네."라고 대답했다. "집에 피아노 있니?" 친구는 "네", 나는 "아니오."라고 대답했다. 그리고 그때부터 이어진 몇 가지 질문에서 우리는 계속해서 "네"와 "아니오"로 답이 갈렸다. 선생님은 친구를 가리키며 "너는 반장", 그리고 나를 가리키며 "너는 부반장"이라고 했다. 고등학교 때는 선생님이 채점표를 조작해서 친구들과 성적이 뒤바뀐 적도 있었다. 쉬는 시간에 서로 답을 맞춰보고 이미 누가 누구보다 시험을 잘 봤는지 다 알고 있던 친구들은 조용히 나에게 찾아와 사과를 하기도 했다.

열심히 노력한 순서로, 능력대로만 정정당당하게 평가를 받는 세상은 교과서에만 존재하는 것인가. 세상을 살다보니 내가 받는 평가들이 단순히 눈에 보이는 실력만으로 이루어지는 것은 분명 아니라는 것을 뼈저리게 깨닫게 되었다. 내가 아무리 열심히 최선을 다해서 살아도 주어진 여건이라는 것 때문에, 그리고 타인의 자의적인 판단이나 영향력으로 나의 성공과 실패가 좌지우지될 수도 있었다.

이런 경험들은 사회생활을 시작하면서 그 빈도와 고통의 정도가 극명하게 높아지게 된다. 우리가 사는 세상은 완벽하지 않기 때문이다. 교수의 능력을 보여주는 일 중 하나로 연구비 수주가 있다. 나라에서 책정하는 연구비를 최대한 가져와야 학교에서도 인정을 받고 무엇보다도 지속적으로 연구를 진행할 수 있는 여건을 만들 수 있다. 정부에서 나온 과제 공고 중에 내가 자신 있는 분야가 있다고 치자. 그동안 관련 분야의 연구 성과를 보나 쌓아온 명성으로 보나 나만 한 적임자가 없다는 자신감이 샘솟는다. 제안서를 만들고 발표 자료를 준비해서 심사위원들 앞에서 열정적으로 설명을 하고 있는데 앉아 있는 심사위원들의 면면을 보니 죄다 낯선 사람들뿐이다. 당황하지 않을 수가 없다. 이 분야의 전문가라면 어디서건 한 번쯤 얼굴을 마주쳤을 법한데 모두 모르는

틀을 깨려는 용기가 필요해

얼굴들이다. 그런데 이 사람들에 의해 최종합격자가 결정이 된다. 누가 나의 경쟁 상대였으며 누가 어떤 이유로 더 적임자로 평가되었는지 공식적인 설명도 없이 당락 여부를 통보받는다. 그렇다고 내가 떨어진 이유에 대한 설명이 특별히 의미가 있는 것은 아니다. 어차피 형식적인 답변은 서류로 이미 만들어져 있을지도 모른다. 절차를 진행하는 측에서도 할 말은 분명히 있겠지만 당하는 입장에서는 그야말로 황당할 뿐이다. 객관적인 기준에 의해 개인의 실력만으로 평가를 받은 것이 아니라는 생각을 하면 어디 가서 호소할 데도 없는 그 억울함을 삭이느라 괜히 내 수명만 퍽퍽 줄어들 것처럼 느껴진다. 그러나 그것이 현실이다. 분하지만 내 능력 밖의 보이지 않는 힘에 의해 시련이 닥칠 수도 있다는 것을 인정해야 한다. 환경의 영향이란 개인이 아무리 몸부림친다한들 바꿀 수 있는 것이 아니다. 그렇게 내 몫이 되어서는 안 될 실패가 발등을 찍는 일이 생긴다 해도 가능한 빨리 그 절망에서 벗어나는 수밖에 없다.

　어쩌면 나도 살면서 한 번쯤은, 어쩌면 그 이상으로 이 불공평한 세상에서 불공평한 혜택을 받았던 적이 있었을지도 모른다. 내가 잘나서, 혼자 실력이 뛰어나서 성취했다고 생각하는 동안 누군가는 억울하게 졌다고 분노하는 경우가 있었을 수도 있다. 외국에서 열리는 운동 경기에서 편파 판정을 하는 심판들을 비난하면서도 우리나라에서 열리는 경기에서 홈그라운드의 이점을 당연하게 받아들이는 것처럼, 어쩌면 나는 나를 열 받게 만드는 부당한 평가만을 가슴에 담고 가끔 내가 받는 편애는 아무런 생각 없이 누리고 있었을 수도 있다. 모든 것은 삶의 일부분이다. 편파 판정도 어쩔 수 없는 경기의 일부일 뿐이다.

학교에서의 시험 결과, 경기에서의 우승 여부, 취업에서의 당락, 제안서 선정과 비 선정 등 내가 지금 받은 평가는 그저 그 상황과 환경에서의 결과일 뿐 나의 절대적인 가치를 대변하는 것은 결코 아니다. 만약 한국 대학 입시가 학생을 평가하는 절대적 잣대였다면 거기에 두 번이나 실패한 나는 구제하기 힘든 못난 학생임에 틀림없다. 그렇다면 왜 미국에서도 손꼽히는 대학에서는 그 못난 학생을 쉽게 받아주었을까. 한국에서의 실패가 나의 절대적인 실력을 모두 말해주는 것은 아니었기 때문이다. 다른 평가의 잣대가 사용된다면 나는 다른 장소에서, 다른 환경에서 충분히 인정받을 수 있는 것이다.

우물 안 개구리처럼 한 번의 승패에 괴로워하지 말고 우물 밖의 세상을 바라보아야 한다. 실력만 뒷받침이 된다면 나를 둘러싼 상황과 환경, 심지어는 승패를 결정짓는 심판들마저도 내 편처럼 움직이게 할 수 있다. 사회에서는 그것도 나의 실력이다. 이런 깨달음으로, 독불장군처럼 눈앞에 놓인 승부에만 집착하던 나는 실력을 쌓으려고 발버둥 치던 수험생적 마인드에서 점차 인간관계로 눈을 돌리게 되었다. 그래서 다른 사람들을 도우며 그들의 입장

틀을 깨려는 용기가 필요해

에서 그들의 발전을 먼저 생각하는 것이 중요하다는 관점으로 스스로를 유도하기 시작했다. 내가 남들을 위해서 시간을 할애하고 함께 고민해주는데 그들이 나를 위해서 그렇게 하지 않을 이유가 없을 테니깐.

직업이 먹고사는 것보다
더 중요한 이유

전산학 또는 컴퓨터 사이언스를 전공한다고 하면 사람들은 막연히 컴퓨터를 배운다고 생각한다. 사실 전산학은 방대한 영역이다. 예를 들어 데이터베이스, 프로그래밍 언어, 네트워크, 소프트웨어 공학, 인공지능, 로보틱스, 컴퓨터 비전, CG 등이 모두 전산학에 포함된다. 이중 CG는 가상의 세계를 컴퓨터로 사실처럼 구현하는 기술을 다룬다. CG 기술이 발달할수록 영화의 표현력이 증가하는 것은 당연지사다. 예전에는 동네 하나를 폭파하는 장면을 겨우 만들어낼 시간에 지금은 지구 전체를 폭파하는 장면을 만들어낼 수 있고, 이미 고인이 된 유명인을 현대로 소환하여 영화에 출연시키기도 하고, 말하는 동물이 사람과 나란히 영화의 주인공이 되어 연기를 하기도 한다.

　CG 기술은 세부적으로 다시 몇 가지 종류로 나뉜다. 모델링
은 현실에 존재하는 자동차, 책상, 사람, 또는 현실에 존재하지 않
더라도 있음직하게 보이는 로봇, 우주선 등의 다양한 물체들을 컴

퓨터가 이해할 수 있는 형식으로 표현해내는 기술을 연구한다. 애니메이션은 이러한 물체들이 가상의 현실 안에서 움직일 수 있도록 뼈와 근육의 움직임, 관절의 움직임 등을 수학적으로 계산하여 최적화된 동적 매커니즘을 연구한다. 그리고 결과 그림을 그려내는 렌더링은 물체들이 환경과 빛에 반응하여 가장 사실적으로 보일 수 있는 색감과 재질, 투명도 등을 연구한다.

이런 기술들의 기본 원리를 이해하고 이를 바탕으로 더욱 앞서 나간 방법들을 개발해낸다면 지금보다 가상현실을 훨씬 더 사실적으로 만들어내거나 보다 효율적인 방식으로 영화의 특수효과를 제작하는 것이 가능해진다. 이것이 시각적 특수효과에 공학적인 접근이 필요한 이유이다. 문제를 끄집어내고 체계적으로 답에 접근하는 것을 좋아하는 나의 공학도적 성향과 팔팔 끓어오르는 영화에 대한 열정이 찾아낸 접점이 바로 이것이었다.

학교를 졸업하고 회사에 첫 출근을 하며 가슴이 쿵쾅거렸다. 드디어 할리우드의 심장부로 진입하는 것이 아닌가. 극장에서 영화를 보기만 하던 한 명의 관객에서 거대한 스크린 너머의 세계로 들어가 영화를 만드는 할리우드'인(人)'이 되는 것이다. 내가 영화를 보며 웃고 울었던 것처럼 이제 누군가가 내 손을 거쳐간 작품들을 보며 웃고 울게 될 것이다. 회사 복도에 여기저기 걸려 있는 영화 포스터들을 보니 그 모든 것이 한꺼번에 현실로 와닿기 시작했다.

내가 입사한 리듬 앤 휴즈 스튜디오는 흔히 '회사'라고 하면 떠오르는 이미지들과 다른 점이 많았다. 은은한 백열전등 조명 아래 모니터마다 곧 개봉할 영화의 장면들을 띄워놓고 각종 특수효과의 실험에 몰두해 있는 사람들 옆에 간간히 개들이 한가로이 앉아서 졸거나 장난감을 가지고 놀고 있었다. 사무실에 웬 개? 리듬 앤 휴즈 스튜디오는 할리우드의 CG 회사들 중에서도 동물들이 나오는 영화를 제일 잘 만든다는 명성에 걸맞게 애완동물을 데리고 출근하는 것이 가능하다. 그래서인지 사무실에서, 그리고 복도에서 꼬리를 흔들며 반갑게 인사하는 개들을 수시로 마주칠 수 있었다.

시각적 특수효과를 제작하는 할리우드의 회사들은 어떤 의미에서 직원들의 놀이동산이나 다름없다. 아침마다 놀이동산으로 출근해서 좋아하는 장난감을 만지작거리며 완성품을 만들어내는 일이 하루의 일과라고나 할까. 일을 하다가 부딪히는 난관은 단지 조립하기 어려운 장난감 때문에 골치를 앓는 정도에 불과했다. 내가 원하는 곳에서 원하는 일을 하고 있다면 스트레스를 받을 이유도, 일이 너무 많다고 푸념할 이유도 없다. 내 손으로 만들어낼 결과물을 상상하며 신나게 달리기에도 시간이 부족하기 때문이다.

사람마다 보람을 느끼는 직업은 제각각이다. 아무리 돈을 많이 준다고 해도 피를 보는 일이 끔찍하고 아픈 사람만 보면 몸이 먼저 꼬이는 내게 의사는 절대로 감당할 수 없는 직업이다. 그리고 매번 새로운 도전이 주어지지 않으면 인생이 낭비되고 있는 것 같은 불안에 휩싸이는 성격 탓에 반복적인 일을 하는 직업도 내게는 스트레스 그 자체일 것이다. 그러니 지금 나의 직업은 운 좋게도 그 과정을 즐기고자 하는 내가 추구하는 삶과 잘 맞아떨어지는 선택이었다.

사실 카이스트의 교수가 된 것은 한 번도 생각해보지 않은 길이었다. 박사과정을 마칠 무렵 처음 카이스트에서 받았던 제안도 미국에 남기로 결정하면서 거절했었다. 그런데 그로부터 4년이 지나고 다시 한 번 교수직을 제안받았을 때에는 주저 없이 승낙을 했다. 교수라는 직업은 생각했던 것보다 상당히 내게 맞는 옷이었다. 나는 능동적으로 일을 찾아서 하는 것은 좋아하지만 누군가가 내가 원치 않는 일을 시키거나 일하는 데 사사건건 간섭을 하려고 들면 급격히 의욕이 꺾이는 스타일이다. 아마도 한국의 기업체에서 직장생활을 하며 중간 간부 정도로 승진을 했더라면 그쯤에서 비실거리다가 낙오자가 되어버렸을지도 모른다. 그에 반해 교수는 보스가 따로 없다. 알아서 열심히 연구를 하고 연구 성과를 보여주기만 하면 된다. 그리고 좁은 일터 안에 갇혀 있지 않아도 된다. 기회는 내가 만드는 것이기에 세계적인 연구자들과의 협업을 위해 지구촌 곳곳을 누비고 다닐 수도 있다. 뛰어난 팀원들을 모아 교육을 시키고 같이 무언가를 이루어가는 것도 내게는 매우 흥미로운 일 중 하나이다.

직업은 평생의 동반자이다. 매일 아침부터 밤까지 내게 주어진 대부분의 시간을 함께하는 것이 나의 일이고, 하루 종일 내 생각의 대부분을 점령하는 것도 나의 일이다. 성공하고자 하는 욕심이 클수록 쉬는 시간 없이 일에 올인하게 된다. 그러니 내가 택하는 직업은 당연히 내가 좋아하는 것이어야 한다. 좋아하지도 않는 일을 하면서는 어느 한순간도 행복할 리 없다. 일이 주는 스트레스에 더해 관심도 없는 일을 꾸역꾸역 해야 하는 스트레스까지 받아야 하기 때문이다. 그러다 보면 억지로 스스로를 채찍질하지 않고서는 자발적으로 한 걸음도 앞으로 나아갈 수 없게 된다. 한 번의 선택이 평생을 좌우하는 것은 결혼뿐만이 아니다. 결혼만큼이나 중요한 것이 어떤 직업을 선택하는가이다.

일에서 받는 스트레스가 클수록 사람들은 다른 곳에서 자신의 불행을 보상받으려는 경향이 있다. 아침부터 밤까지 직장에서 오로지 생계를 위해 일을 하며 퇴근 시간만을 기다리고, 직장 밖으로 나서는 밤이 되면 비로소 고삐 풀린 망아지처럼 '살아 있음'을 느끼는 것이다. 그것은 내게 얼마나 주어졌을지 모를 이 금쪽 같은 삶을 '사는 것'이 아니라 쓸데없이 '낭비하는 것'이다. 직종을 막론하고 자신이 하는 일을 좋아하고 자부심을 가지고 있다면 굳이 '살아 있음'을 느끼기 위해 퇴근을 하지 않아도 된다. 일을 하면서 즐겁고 신나고 행복해질 수 있기 때문이다. 그리고 일에서 오는 스트레스조차 보다 더 나은 모습으로 발전하기 위한 순간의 산통으로 받아들일 줄 알게 된다. 나는 연구실 학생들에게 지금 우리가 하고 있는 연구 분야가 평생 놀 듯이 일할 수 있는 대상이 맞느냐고 자

1장 행복의 정의

주 묻곤 한다. 그래야 기숙사 방에 앉아 빈둥빈둥 시간을 죽이는 것보다 밤이고 낮이고 연구실에 나와 '노는' 것이 더 재미있을 것이기 때문이다. 의무감이 아니라 좋아서 일하는 사람에겐 당해낼 재간이 없다. 나에게 직업은 먹고살기 위한 수단도, 주변에 위신을 세워주는 사회적 위치의 표시도 아닌, 내가 원하고 추구하는 삶을 살게 해주는 자아실현의 해방구이다.

틀을 깨려는 용기가 필요해

실패는 롤러코스터다

대학 입학 후 20여 년간 나는 비교적 부침 없는 길을 걸어왔다. 박사 학위를 취득하고 직장생활을 시작한 이래 적지 않은 연봉과 주식과 부동산 투자를 통해 목돈을 마련하며 후회 없는 30대를 보냈다. 그동안 열심히 살아온 대가라는 생각에 가슴이 뿌듯했고 삶에 대한 자신감도 충만했더랬다. 이대로만 가면 남부럽지 않은 탄탄한 인생을 살 수 있을 거라고 믿었다. 그렇게 40대 초입에 들어선 어느 날, 뜻하지 않은 위기가 닥쳤다. 돌부리에 발이 차인 정도가 아니라 보이지 않는 손이 까마득한 낭떠러지에서 훅하고 떠다 밀어버린 것 같은 절망의 시작이었다.

2000년대 초반 미국의 부동산 경기는 하늘 높은 줄 모르고 고공행진을 계속했다. 미국 LA 근처에 있는 플라야 비스타(Playa

Vista)라는 주택단지에 살고 있던 나는 라스베이거스의 번화가 한복판에 있는 고급 콘도를 구입하기로 결정했다. 가족과 함께 별장으로 쓸 수도 있고, 비어 있을 때에는 MGM이라는 미국 최고의 호텔 체인이 관리를 하며 일반 관광객들에게 빌려주고 수익금을 나누어 가진다는 조건이었다. 당시 미국의 부동산 시장은 초저금리 정책으로 인해 유례 없는 활황이었고 은행계좌에 돈이 한 푼도 없는 사람들마저도 모기지 신청만 하면 집을 살 수 있던 시기였다. 그러던 2008년, 기네스북에도 올랐을 만큼 전 세계 경제를 암흑으로 몰아넣은 리만 브라더스 사태가 터졌다. 미국 4대 투자은행 중 하나였던 거대 금융 그룹의 파산 신청으로 미국 경제는 도산 직전에 몰렸다. 서브프라임 모기지 사태는 사실 2004년 미국이 저금리 정책을 종료하면서부터 시작된 것이었다. 금리가 높아지면서 부동산 거품이 꺼지고 은행들이 그간 방만하게 대출 허가를 내주었던 저소득층이 원금을 갚지 못하는 상황이 줄줄이 이어지면서 금융기관들도 대출금 회수 불능 사태에 빠진 것이다. 그리고 이는 다시 엄청난 부동산 폭락으로 이어졌다. 라스베이거스의 집값이 10분의 1 토막이 났고 LA의 집값마저 반 토막이 났다.

당시 몸은 한국에 살고 있었지만 대부분의 자산이 미국에 있었던 나는 이 태풍의 직격탄을 정통으로 맞고 말았다. 이미 배가 뒤집힌 상황이라 개인이 할 수 있는 일이라고는 최대한 상황을 수습하고 태풍이 지나가기를 기도하며 웅크리고 있는 것뿐이었다.

미국 정부가 천문학적인 구제 금융을 푼다는 뉴스를 보며 잠시 희망이 솟기도 했다. 미국의 은행으로 수도 없이 국제전화를 걸어 정부의 구제 예산을 어디에 쓰고 있느냐고 묻기도 했다. 그런데 그 막대한 자금이 인센티브라는 명목으로 금융 회사 중역들 주머니로 들어갔다는 뉴스를 보고 나서 나는 더 이상 기대할 게 아무 것도 없다는 사실을 깨달았다.

결국 거의 공짜가 되다시피 한 미국 내 부동산들을 막대한 손해를 보며 처분했고, 그동안 이자를 내며 버티느라 주식을 비롯한 은행계좌의 금융자산도 빠르게 줄어들어 있었다. 미국에서 한국으로 보금자리를 옮긴 지 4년째가 되던 2010년, 정신을 차리고 보니 얼마 남지 않은 통장 잔고가 내가 가진 전부였다. 지난 10년간 온갖 고생을 해가며 차곡차곡 모아놓았던 돈도, 그와 함께 불어났던 생에 대한 자신감도 일순간에 연기처럼 사라져버렸다. 당장 몇 개월 후 재계약을 해야 하는 아파트 전세금 올려줄 돈도 없었다. 고난과 슬픔은 혼자서는 오지 않는다는 말처럼 내가 유학을 간 뒤로 안정된 기반을 잡고 나의 버팀목이 되어주시던 부모님마저도 때마침 소송에 휘말려 오랜 법정싸움을 하다가, 결국 빈털터리로 파산한 소송 상대에게 한 푼의 손해배상도 받지 못하는 상황에 처하게 되었다. 부모님의 도움을 받기는커녕 부모님을 책임져야 하는 처지가 된 것이다. 나이 마흔에 나는 그렇게 인생의 바닥을 보았다.

삶 전체가 뿌리부터 흔들리는 것 같았던 그때, 나는 20년 전을 떠올려보았다. 연달아 대학 입시에 실패하며 겪었던 마음의 상처가 워낙 깊었던 터라 나는 바닥이란 더 떨어질 데가 없다는 뜻이지 거기가 끝이 아니라는 것쯤은 이미 터득하고 있었다. 그리고 마음을 추스르기만 하면 다시 바닥을 벗어날 수 있다는 믿음도 있었다. 인생을 백 년으로 잡는다면 그 긴 시간 동안 한 번도 추락하지 않고 살 수는 없는 일이다. 누구나 크고 작은 실패와 추락을 견뎌내야 한다. 어렸을 적 즐겨 읽었던 위인전기에서도 주인공이 큰 고난과 역경을 겪을수록 이야기가 흥미진진해지지 않던가. 스티브 잡스(Steve Jobs)도 '넥스트'라는 회사를 설립하고 억만장자에서 거의 파산 지경에 내몰렸으며, 미국의 부동산 제왕 도널드 트럼프(Donald Trump)도 은행 부채에 허덕이다가 모든 재산을 처분할 뻔한 위기를 겪었다. 『부자 아빠, 가난한 아빠』를 저술한 로버트 기요사키(Robert Kiyosaki)도 가진 거라곤 중고차 한 대뿐인 빈털터리에서 재기에 성공했으며, 하물며 이순신 장군도 백의종군하던 시절이 있었다. 이런 사람들에 비하면 그때 내 앞에 닥친 현실은 충분히 반전 가능한 희망이 있었다. 이 정도의 고난은 있어 줘야 나중에 사람들이 귀를 기울일 만한 이야깃거리가 되지 않겠느냐고 스스로를 다독였다.

제일 처음 한 일은 허리띠를 졸라매는 것이었다. 그 이후로 4, 5년이 넘게 나와 아내는 거의 옷을 사지 않았다. 미국에서 의류사업을 하던 후배가 흠집이 나서 팔지 못하는 옷가지들을 챙겨놓았

틀을 깨려는 용기가 필요해

다가 내가 미국 출장을 갈 때마다 한 아름씩 안겨주었다. 티셔츠와 청바지를 즐겨 입는 나는 더 이상의 옷이 필요 없었다. 젖먹이 두 딸들의 유모차와 옷들은 이웃에게 물려받았고 점심은 도시락으로 해결했다. 초등학교 4학년 때 미국으로 이민을 갔다가 남편을 따라 한국에 온 아내는 영어를 가르치기로 결정하고 컴퓨터로 대충 뽑은 광고 전단지를 10만 원을 들여 두 박스를 인쇄한 다음 유모차를 끌고 집을 나섰다. 그리고 아파트와 주위 동네를 돌며 영어 과외 광고 전단지 한 박스를 모두 붙였다. 퇴근 후 아내에게 "전단지 붙일 때 창피하지 않았어?"라고 물었다. 아내는 "그냥 그렇지, 뭐."라며 웃어넘겼다. 카이스트 교수 사모님의 체면 따위를 챙길 여력이 우리에게는 없었다.

미국 LA의 통합 교육구에 소속되어 자폐증 어린이의 재활 전문가로 활동했던 아내는 훌륭한 영어 과외 선생님이었다. 직접 개발한 교육 방법으로 학생들의 영어 실력이 눈에 띄게 좋아지자 금세 입소문이 번졌다. 우리 가족이 전세금 압박에 시달리다가 어쩔 수 없이 이사를 가게 되었을 때도 동네 아이들은 먼 통학 거리를 감수하며 아내에게 영어를 배우러 왔다. 애들 방 하나를 포기하고 책상 하나를 들여놓은 것이 전부였던 영어 수업은 최근까지도 성황을 이루었다. 그러나 마루에 가만히 있지를 못하고 엄마가 보고 싶어 수십 번씩 방문을 열고 들어가는 어린 딸들을 야단치고 설득시키는 것은 그리 마음 편한 일이 아니었다. 결국 아이들을 위해 수업을 그만두기까지 아내는 힘든 내색 한 번 하지 않고 묵묵히 가족의 위기를 극복하는 데 큰 버팀목이 되어주었다.

지난 몇 년 간의 내 삶을 뒤돌아보면 마치 세계대전이 끝나고 잿더미가 된 도시들이 서서히 다시 일어서는 것과 크게 다르지 않았다. 당장 눈앞에 아무 것도 남은 것이 없는 막막함에 어찌할 바를 몰랐지만 온 가족이 하나가 되어 서로를 다독이고, 일과 더불어 주위 사람들을 더 챙겼다. 나에게 재건의 길을 열어준 것은 스스로에 대한 믿음과 긍정적으로 삶을 바라보는 태도였다.

나는 어릴 적부터 놀이공원에서 롤러코스터를 제일 좋아했다. 그런데 친구들 중에는 롤러코스터가 제일 신나는 놀이기구인 것은 알지만 무서워서 한 번도 타본 적이 없다는 아이들이 많았다. 실패는 롤러코스터와 같다. 어떤 선택을 하느냐에 따라 롤러코스터를 탈 수도 있고 안 탈 수도 있다. 롤러코스터를 안 타더라도 충분히 놀이공원을 즐길 수는 있지만 롤러코스터를 타는 그 스릴 넘치고 짜릿한 기분은 절대로 알지 못한다. 그것은 두려움을 극복한 도전의 대가이기 때문이다. 롤러코스터를 타고 나면 놀이공원을 모두 정복한 것이나 다름없다. 큰 무리수 없이 평탄하고 안정되게 일생을 보내고 싶은 마음이야 누구에게나 있겠지만 삶이 내는 온갖 시고 떫은맛도 봐야 단맛이 얼마나 달콤한지 알게 된다. 그래야 남들이 미처 보지 못하는 세상의 어두운 구석도 더 잘 볼 줄 알게 되고, 마음을 담는 그릇도 남들보다 망치질을 더 많이 받은 만큼 넉넉해진다. 그러니 내 인생은 왜 이렇게 막장 드라마냐고 한탄할 게 아니라 내 인생은 왜 이렇게 흥미진진한 거냐고 자문하며 도전정신을 불태워야 마땅하다.

살다 보면 이보다 더한 위험과 실패에 직면할 수도 있을 것이다. 그러나 이전의 좌절들이 내 무릎을 꺾었어도 나를 완전히 드러눕게 하지 못했던 것처럼, 앞으로 올 그 어떠한 좌절도 극복해낼 수 있으리라는 믿음이 나에게는 있다. 그것은 지친 나를 위한 자기위안이 아니라 앞으로 그 어떤 험난한 롤러코스터가 나타나도 즐길 거라는 자신과의 약속이다.

이 책을 읽고 있는 당신은
지구촌의 상위 30%에 속한다

정신없이 앞만 보고 달리다 보니 어느새 마흔 고개를 훌쩍 넘었다. 나이와 함께 쌓아온 여러 가지 경험들로 인해 나도 이제는 세상을 보는 시선이 많이 달라졌다. 그중에 가장 크게 깨달은 한 가지는 인생이 참으로 짧다는 사실이다. '눈 깜짝할 사이'에 이 나이가 되고 말았다는 어른들의 탄식을 나도 피부로 느끼고 있는 요즘이다. 그렇게 순식간에 흘러가버리는 것이 시간이기에 인생은 조금도 허비해서는 안 되는 소중한 것이다.

몇 년 전 딸아이가 유치원에서 가족을 주제로 그림을 그렸다. 그런데 그 그림에는 아빠인 나는 그려져 있지 않았다. 유치원 선생님은 아내에게 아빠가 계시지 않느냐고 조심스럽게 질문을 했다고 한다. 그 사건은 내가 무엇을 추구하며 살고 있는가에 대해 크

틀을 깨려는 용기가 필요해

게 반성하는 계기가 되었다. 그 이후로 나는 늦게라도 항상 가족과 저녁을 먹고, 주말에는 혼자 학교로 가는 대신 가족과 도서관으로 향한다. 가족과 보내는 시간, 함께 만드는 추억이 나에게는 가장 소중한 가치이기 때문이다. 지금 즐기지 못하면 영원히 나에게 돌아올 수 없는 천금 같은 행복의 기회들이다.

나는 그동안 '성공'이라는 목표를 이루기 위해 부단히 노력해왔다. '성공'은 인생이라는 이 단 한 번의 기회를 진지하게 받아들인 사람들의 가장 공통적인 삶의 지향점이다. 무엇을 하건 성공을 한다면 더 나은 삶과 더 높은 지위가 보장되는 것이니 끊임없이 위를 바라보며 스스로를 채찍질하는 것은 당연하다. 그런데 문득 왜 모든 인생의 궁극적인 목표가 '성공'이어야 하는지에 대한 의문이 들었다. 성공을 하면 과연 행복해지는 것일까.

기업체의 대표나 유명한 배우들, 가수들처럼 사회적으로 크게 성공하여 명예와 부를 얻은 사람들이 자살을 하는 사건이 심심치 않게 일어나곤 한다. 그런 뉴스를 보면서 '복에 겨워' 죽었다고 혀를 차는 사람들도 있다. 도무지 부족할 것이 없는 삶이 뭐가 그리 불만인지 이해가 가지 않는다. 그러나 생각해보면 사회적인 성공이 반드시 개인의 행복을 의미하는 것은 아니다. 많은 이들이 성공과 행복을 동일시하며 물질적으로 풍족해지면 정신적으로나 육체적으로 행복해질 것이라고 믿는다. 사회적으로 존경받지 못하는 직업이나 경제적인 빈곤, 가정의 불화 등, 모든 개인적인 불행의

원인은 성공하지 못해서라고 생각한다. 하지만 성공은 부와 명예를 가져다줄 수는 있어도 그것 자체가 삶의 궁극적인 목표가 되기에는 모자라다. 우리가 인생에서 추구해야 할 목표는 성공이 아니라 바로 나의 행복이 되어야 한다.

궁극적으로 행복을 가져다주지 않는 성공은 의미가 없음에도 불구하고 우리는 성공을 하기 위해 개인의 행복을 자진해서 희생하는 경향이 있다. 성공하기 위해서는 어쩔 수 없이 가정에 소홀할 수밖에 없고, 성공하기 위해서는 오늘의 동료가 내일의 적이 될 수밖에 없으며, 성공하기 위해서는 하기 싫은 일이지만 꾹 참고 끝까지 해내야 한다. 그러다 보니 나의 삶을 살 시간이 부족해진다. 진정한 친구를 만들거나 사랑하는 사람들과 좋은 추억을 쌓는 일은 생각조차 할 수 없다. 그러니 성공을 위해 앞만 보고 달리다가 문득 정신을 차려보면 죽을 때까지 곁에 남을 만한 친구도 없고 여행한 번 제대로 다녀오지도 못한 채 나이만 먹어버린 자신을 발견하게 되는 것이다. 성공이 내 인생의 전부가 되고 정작 인생의 주인인 나는 온데간데없이 주객이 전도되어버린 셈이다. 그간의 행복을 기회비용으로 모두 날려버린 다음 성공을 얻으면 그 순간부터 나는 절대적으로 행복이 보장된 삶을 살게 되는 것인가. 그것은 신조차도 답을 해줄 수 없다.

현재 어떤 환경에 처해 있건, 어디서 무슨 일을 하건, 인생을 살아가며 궁극적으로 얻고자 하는 것은 나의 행복이어야 한다. 성

틀을 깨려는 용기가 필요해

공은 행복을 이루기 위한 하나의 도구일 뿐이다. 그렇다고 해서 지금 당장 편하게 노는 것이 행복하다고, 그것이 옳은 선택이라는 것은 아니다. 내일 끝내야 할 과제가 있거나 며칠 후 시험이 닥쳤다면 지금 친구들과 파티를 벌이고 신나게 놀 것이 아니라 책상 앞에 가서 앉아야 한다. 티셔츠에 청바지만 입어도 살아나는 스타일을 원한다면 귀찮고 힘들더라도 운동을 하러 가야 한다. 나중에 후회할 일이라면 그것이 당장의 즐거움이고 행복이라 할지라도 잠시 접어놓을 줄 알아야 하는 법이다. 그래야 그 잠시의 인내가 더욱 달콤한 보람으로 돌아온다. 그러나 돌이킬 수 없는 일도 있다. 가족과 함께 보내는 시간은 되돌아오지 않는다. 그리고 양심에 거스르는 짓을 했던 과오도 되돌릴 수는 없다. 그러니 이런 경우에는 나중에 후회하지 않기 위해 지금의 행복을 선택하는 쪽이 옳다.

인생의 출발점 자체가 남들보다 뒤처지니 무슨 일이건 잘될 리가 없고, 애초부터 행복과는 거리가 먼 인생이라고 한탄하는 경우를 가끔씩 보게 된다. 그러면서 '이렇게 태어난 게 죄'라는 말을 많이 한다. 하지만 부모도 성별도 외모도 두뇌도 내가 선택할 수 없는 것들이다. 출생 자체가 나의 선택과는 무관한 것이기에 내가 태어난 환경들은 내가 후회할 일도 아니고 안타까워하거나 불평할 일도 아니다. 두 번 생각할 일도 못 된다. 더불어 대놓고 자랑할 일도 아니다. 우리 모두가 그냥 운명으로 받아들여야 하는 부분이다.

최근 인터넷에 '지구가 만약 100인의 마을이라면'이라는 영상

자료가 인기를 얻고 있다. 이 영상에 따르면 지구 인구의 20%는 영양실조로 고생하고 있고, 43%는 위생시설이 없는 곳에서 살고 있으며, 18%는 깨끗한 물을 마실 수 없다. 그리고 20%는 공습이나 폭격, 지뢰로 인한 사망이나 무장 단체의 강간, 납치 등에 대한 공포에 떨며 살고 있다. 그중 상위 30%만이 은행에 예금 계좌를 가지고 있고, 7%가 자가용을 소유하고 있으며, 컴퓨터를 가지고 있는 사람은 12%, 인터넷을 할 수 있는 사람은 상위 3%라고 한다. 14%는 글을 읽지 못하고 중등 이상의 교육을 받은 사람은 7%, 대학 교육까지 받은 사람은 고작 1%에 불과하다. 그러니 지금 이 책을 읽고 있는 당신은 아무리 못해도 상위 30%에 속하는 사람이다. 아울러 인생의 출발점도 이 지구상에 살고 있는 사람의 상위 30%에 속한 것이다.

지금 우리가 마주하고 있는 삶이 궁극적으로 내가 바라는 것이 아니라면 아무리 열심히 산다 한들 결국은 삶을 낭비하고 있는 셈이 된다. 목표를 바꾸든 아니면 생각을 바꾸든, 둘 중 한 가지는 해야 한다. 지금 내가 살고 있는 이 시간은 오로지 나를 위한 것이라야 한다. 그래야 최후의 순간에 후회하지 않게 된다.

우리는 각자가 신이 그어놓은 서로 다른 출발점에서 인생을 시작한다. 그것은 변하지 않는 사실이다. 내가 한참 뒤처져 있을 수도 있고 한참 앞서 있을 수도 있다. 그러나 일단 출발점을 벗어난 이후의 인생은 오롯이 내가 주인이며 나의 책임이다. 그런데 출발선부터 멀찍이 내 앞에서 달려가는 다른 이들의 등만 쳐다보며 뛰어간다면, 그리고 나보다 앞서서 달리는 사람의 위치에 도달해야만 내가 비로소 행복해진다고 생각한다면 그건 엄청난 착각이다. 나보다 뒤에 있는 사람들이 바라보는 나의 위치가 현재 크게 감사하게 생각되지 않는다면, 나보다 앞선 사람들의 위치 또한 미래의 나의 행복과는 무관할 것이다. 출발점이 어떻든 중요한 것은 일단 이 지구상에 태어나 딱 한 번 주어진 삶을 시작한 이상 우리 모두에게는 그 삶을 가장 가치 있게 살아야 하는 임무와 권리가 주어졌다는 사실이다. 그러니 성공을 하겠다는 목표를 가지고 인생을 바라보되, 그 과정에서 가장 즐겁고 보람된 적절한 선택을 하며, 자신의 능력을 최대한 발휘함으로써 돌아보았을 때 후회하지 않을 삶을 살아야 한다.

부자 아빠, 가난한 아빠,
현실의 아빠

    고등학교 때 담임선생님이 수업 시간에 이런 이야기를 들려주셨다. 어느 회사의 사장님이 장기간 해외출장에서 돌아와보니 자신이 오래 회사를 비웠음에도 불구하고 회사가 아주 잘 돌아가고 있었다. 사장님은 기뻐하기보다 도리어 아쉬워했다. 자기가 없어도 회사가 멀쩡한 것이 마치 스스로가 없어도 되는 사람인 것처럼 생각이 들어서였다. 그러면서 선생님은 우리에게 없어서는 안 될 사람, 반드시 필요한 사람이 되어야 한다고 강조하셨다. 그런데 살다보니 의문이 생겨났다. 그렇다면 그 사장님은 출장에서 돌아와 자신의 부재로 인해 경영 상태가 악화된 회사를 봤을 때 만족했을 거라는 말인가? 한두 명이 빠짐으로 해서 위태로워지는 조직이 과연 건강한 조직인가? 내가 누군가에게 필요한 사람이 되는 건

틀을 깨려는 용기가 필요해

좋지만 그럼으로 해서 일의 노예가 되어 전전긍긍한다면 궁극적으로 그것이 옳은 일인가?

　합창 단원 중 뛰어난 몇 명이 이런저런 이유로 빠졌다고 해서 그들의 전체적인 노랫소리가 나빠져서는 안 될 일이다. 모든 구성원들이 서로 손발을 맞추어 어떠한 상황의 변화 속에서도 최고의 결과물을 만들어내는 것이 중요하다는 것은 할리우드의 경험이 일깨워주었다. 훌륭한 인력들의 오랜 공백 등을 대비해 미리부터 체계적으로 조치하는 등, 개개인에 의존하는 조직 구조가 아닌, 철저한 시스템에 의한 조직 운영은 장기 휴가를 제공하는 리듬 앤 휴즈 스튜디오를 비롯하여, 인력의 이동이 잦은 할리우드 회사들에는 이미 갖추어져 있었다. 역설적으로 들릴 수 있겠으나, 조직에서 반드시 필요한 사람이 된다는 것은 내가 있어야만 일이 처리될 수 있는 나만의 경쟁력을 가진다는 것이 아니다. 도리어 내가 없어도 생산성이 떨어지지 않도록 잘 돌아가는 조직을 만들 줄 아는 사람이 되는 것이다. 그래야 소수의 인력에 의존해서 돌아가는 조직이 아닌 탄탄한 내구성을 지닌 조직이 만들어지게 되고, 그런 조직을 키워내는 능력이 있는 사람이야말로 조직에 없어서는 안 될 핵심 인력이다. 사람들에게 가장 중요한 뇌의 구조를 생각해보자. 컴퓨터는 내부에 연결되어 있는 작은 선 하나만 끊어져도 작동이 멈춰버리지만 우리의 뇌는 사고로 일부가 손상이 된다고 해서 쉽게 작동이 멈추지 않는다. 컴퓨터를 죽이는 것은 쉽지만 뇌는 웬만한 충격에 끄떡도 하지 않는다. 이처럼 강한 조직은 전체의 사활을 개별적인 구성원에 의존하지 않는다.

지난 학기 우리 학과의 정기 세미나에 초청된 엔미디어의 강동길 대표가 연설에서 이런 말을 했다. "예수님께서 직접 일하셔서 훌륭한 분이 되셨습니까? 어차피 고기 잡고 몸으로 뛴 건 다 제자들이었습니다. 그럼에도 불구하고 얼마나 많은 일들을 이루셨습니까?" 청중들을 웃게 만들려고 한 말이기는 했지만 가장 생산적인 삶의 형태를 짚어낸 비유이기도 하다.

카이스트의 교수로 부임하고 비주얼 미디어 연구실을 운영해 나가면서, 체계적이고 효율적으로 잘 돌아가는 조직, 심지어 내가 없더라도 멈추지 않을 조직을 만들기 위해 나름의 방법을 실행에 옮겼다. 나에게 어떤 일이 주어지면 가장 적절한 학생 또는 연구원에게 내가 그 일을 직접 했다면 취했을 방식을 최대한 자세히 알려준다. 필요하다면 여러 번 반복을 통해서 내가 직접 만들었다면 가졌을 결과와 유사한 결과물을 만들어올 때까지 점검하고 지시한다. 그리고는 그 담당 학생이나 연구원에게 다음에 유사한 일이 떨어지면, 가능한 시점에 적절한 사람 또는 후배를 찾아 내가 했던 것과 같이 다른 사람을 훈련시키고 그 일을 맡겨보라고 지시한다. 그 후 나에게 일이 주어지면, 나는 그 일을 내가 훈련시킨 담당에게 바로 넘긴다. 그리고 그로 인해 절약되는 시간을 활용하여 더큰 일을 기획하거나 또다시 새로운 분야를 공부하고 습득한다. 이렇게 절약된 시간을 통해 습득한 지식이나 새로운 기획으로 인해, 더 큰 새로운 일들을 할 수 있는 기회가 나에게 주어진다. 그러면 그 일을 수행하기 위한 적절한 담당자 훈련이 다시 시작된다. 이러한 일처리 방식은 나뿐만이 아니라 우리 연구실의 모든 조직원들에게 똑같이 적용된다. 일이 주어지면 주변 후배나 다른 사람에게 가능한 모든 걸 공유하고 가르쳐주면서 해오도록 시켜보라는 당부와 함께.

이제 10년에 가까운 역사를 가진 우리 연구실은 한때는 30명이 훌쩍 넘는 학생과 연구원들이 함께 일을 한 적이 있을 정도로 대학 연구실치고는 규모가 작지 않은 편이다. 이 많은 학생들을 상대로 어떻게 논문 지도를 하고, 프로젝트 등의 일들을 적절하고 공평하게 배분하며, 학생들의 만족도가 높은 연구실을 운영하느냐며 주변에서는 궁금해한다. 답은 간단하다. 일처리 방식이 전체 공유되고 난 후에는 그들이 해오는 결과를 전폭적으로 지지해주는 것이다. 결과물에 대해 설명을 들어보고 납득이 가면 그들의 방식을 그대로 채택한다. 내가 추구했던 것과 결과가 달라도 크게 상관이 없다. 구성원들을 인정해주고 그 아이디어가 채택될 때 그들의 창의성이 최대로 발현될 것이라고 믿기 때문이다. 그리고 그 결과에 대한 성공은 모두가 누릴 것이고, 실패의 책임은 나한테 있다.

연구실 구성원들은 선배나 동료 들을 통해 연구실에서 일어나는 여러 일들, 즉 기획서를 만들거나 프로젝트 제안서 작성, 자료 조사, 논문 리뷰와 연구하는 방법 등 전반에 걸쳐 많은 경험을 공유하게 되었다. 그 결과, 경우에 따라 한두 사람이 빠져도, 내가 출장으로 자리를 비워도 일처리 속도는 줄지 않았고, 많은 일 처리를 정확하고 빠르게 해내는 앞서가는 연구실로 인정받게 되었다. 연구실의 구성원 한 사람 한 사람이 반드시 필요한 핵심적인 구성 요소임과 동시에 한두 사람이 없어도 연구실의 퍼포먼스는 떨어지지 않는 탄탄한 조직이 된 것이다.

내가 직접 관여하지 않아도 내가 할 일이 시스템적으로 계속 진행되고 있어야 성공적인 삶이라는 것은 로버트 기요사키의 『부자 아빠, 가난한 아빠』라는 책의 핵심적인 메시지이기도 하다. 이 책에 따르면 우리나라 부모들에게 가장 인기 있는 직종인 변호사, 의사는 그리 권장할 만한 직업이 아니다. 아무리 돈을 많이 번다고 해도 그것은 어디까지나 자신이 일한 만큼의 대가이기 때문이다. 아파서 일을 못 하거나 휴가를 내면 일을 쉰 만큼 수입도 없다. 그러니 부자가 되기 위해 좋은 직업은 내가 할 일을 다른 사람에게 맡기고 전혀 신경을 쓰지 않더라도 누군가가 나를 위해 돈을 벌어주는 조직을 근간으로 하는 직업이어야 한다. 나는 경영학과 교수도 아니고 재정 컨설턴트도 아니지만 인상 깊게 읽었던 『부자 아빠, 가난한 아빠』를 현실에서 실천하는 것은 의외로 그리 어려운 일이 아니었다.

은행에 계좌를 트는 것이 내가 아는 금융지식의 전부였던 박

틀을 깨려는 용기가 필요해

사과정 당시 미국에서는 닷컴 붐이 서서히 달아오르고 있었다. 운전을 하며 라디오 뉴스를 듣다가 '야후'라는 신생 회사의 주가가 1년 사이에 네 배가 올랐다는 소식을 들었다. 그 순간 학교에서 받은 조교 수당을 아끼고 아껴 저축해놓은 4천 불의 예금이 떠올랐다. 1년에 은행 이자가 겨우 백 불이 될까 말까 한데 원금의 네 배를 번 사람들이 있다니 왠지 굉장히 손해를 본 느낌이 들었다.

나는 당장 인터넷 주식 계좌를 개설하고 예금을 털어 우리 집의 인터넷 서비스를 친절하게 잘 해주던 AOL(America On Line)의 주식을 샀다. 그리고 매일 주가를 확인하며 일희일비하는 대신 마치 은행에 예금을 들어놓은 것처럼 과감히 잊고 지냈다. 1년 뒤 내 투자금은 전년도의 야후처럼 놀랍게도 네 배가 되어 있었다. 내가 박사과정에 매진하는 동안 주식시장은 나를 위해 열심히 돈을 벌어주고 있었던 것이다.

사실 주변에 주식 투자를 하다가 패가망신을 했다는 사람은 봤어도 주식으로 돈을 벌었다는 사람은 거의 보지를 못했다. 그러나 지난 15년 간 나는 주식 투자에서 한 번도 마이너스를 기록한 적이 없었다. 미국 언론에서 왜 뻔히 올라가는 엘리베이터에 같이 올라타지 않느냐고 비유했을 만큼 콸컴(Qualcomm)의 주가가 열 배 이상 무섭게 뛰는 것도 같이 경험해보았고, 스티브 잡스의 재집권 이후 무섭게 성장하던 애플(Apple)의 주식도 한때 내 주머니에 있었다. 구글이 상장하던 날 85불의 상장가를 정확하게 예측하여

IPO(Initial Public Offering)에도 성공적으로 참여했었고 지금은 페이스북의 상장주식을 가지고 있다.

나의 투자 원칙은 매우 간단하다. 아무리 뉴스에서, 그리고 전문가들이 좋다고 권하는 주식이라도 내가 전혀 모르는 회사는 거들떠보지도 않는다. 대신에 '내가 저 회사를 운영한다면 얼마나 신이 날까'라고 생각되는, 내가 잘 아는 분야의 회사를 선택한다. 그리고 최악의 경우가 발생하더라도 덩달아 나락으로 떨어지지 않을 선에서 투자 금액을 정하고, 일단 주식을 산 다음에는 그냥 묻어둔다. 운이 좋아서 많은 이익을 남겼더라도 언제 고꾸라질지 모르는 것이 주식시장이다. 상황에 따라 주식 곡선은 널뛰기를 반복하는 것이 다반사이다. 그렇게 몇 년이 지나고 나서 확인해보면 주식시장은 어김없이 나를 위해 녹색불이 들어온 주머니를 마련해놓고 있다. 이런 투자 방식은 세계 최고의 투자가인 워런 버핏(Warren Buffett)의 방식과 일견 비슷한 점이 있다. 그가 주장하는 가치 투자는 잠재력이 있는 회사를 선택한 후 크게 투자하고 결과를 기다리는 것이 핵심이다. 투자한 회사 사정이 당장 나빠졌다고 해서 안절부절못할 이유는 없다. 처음부터 믿을 만한 회사를 골랐기 때문이다.

어릴 적부터 자라는 내내 귀에 못이 박히도록 들은 말이 하나 있다. '너는 공부만 잘하면 된다'는 것이다. 그다음에는 온갖 인생의 탄탄대로가 펼쳐지는 청사진이 따라왔다. 행여나 돈에 관심을 가지고 질문을 하면 학생이 무슨 돈이냐며 핀잔을 받기가 일쑤였다. 교수가 되어서도 크게 달라진 것이 없었다. 금전적 성공에 관심을 가진 듯 이야기를 하면 교수가 돈을 벌려고 하는 직업이냐며 마치 죄인이라도 되는 것처럼 몰아가는 분위기였다.

그렇다면 나는 무엇을 위해 열심히 살아야 하는가? 훌륭한 연구 결과를 내어 국가와 인류의 발전에 기여하기 위해서? 세계 최초로 무언가를 해냈다는 성취감을 느끼기 위해서? 맞는 얘기다. 하지만 그것이 끝일 수 없다. 그런 노력을 기울이는 주체인 나의 삶이 편안하고 즐거워야 한다. 직장에서 업적을 쌓는 것과 동시에 일상생활에서 나의 가족에게 최대한의 경제력을 제공해줄 수 있는 능력도 내가 추구해야 할 중요한 가치다. 부당한 간섭을 받지 않고 내가 하고 싶은 일을 마음껏 할 수 있기 위해서는 금전적 여유가 있어야 한다. 좋지 않은 차를 타며 가난해보이는 교수를 보고 어떤 학생이 남보다 열심히 공부해서 나도 저 교수처럼 되고 싶다는 꿈을 품을 수가 있겠느냐고 했던 어느 선배 교수의 말이 떠오른다.

나는 공부를 열심히 해서 좋은 학교를 나오고, 안정된 직장에 취업을 해서 고고하게 사는 것처럼 보이는 '가난한 아빠'가 되고 싶지는 않다. 가난이 나와 내 가족들의 삶을 기쁘고 즐겁게 해주지 않기 때문이다. 그래서 일에 매진하되 '부자 아빠'가 될 수 있는 방법을 내 나름대로 찾은 것이다. 뜻하지 않은 경제 불황의 소용돌이에 휘말려 모든 것을 잃기도 했었지만 '부자 아빠'가 되고 싶은 꿈을 포기하지는 않았다. 그리고 이런 결심은 그동안 해왔던 주식 투자 말고 내 마음속에 또 다른 계획을 만들어냈다. 나 없이도 돌아갈 수 있는 튼튼하고 훌륭한 조직, 바로 나의 회사를 직접 만들어 보는 것이다.

틀을 깨려는 용기가 필요해

수퍼맨과
가필드

무한경쟁에 내몰린 할리우드의 회사들이 살 길을 모색하고 있으며 할리우드의 위상이 흔들리고 있다는 것은 시사하는 바가 크다. 세상에는 영원한 승자도 없고 영원한 패자도 없다. 급변하는 환경 속에 적절한 기회를 제대로 잡기만 하면 얼마든지 반전을 만들어낼 수 있다. 그렇지만 감나무 밑에서 입을 벌리고 기다린다고 해서 감이 내 입속으로 알아서 떨어져줄 확률이 얼마나 되겠는가. 기회는 누구에게나 공평하게 오는 것이지만 그 기회를 잡는 것은 공평하게 누구나 할 수 있는 것이 아니다. 매의 눈으로 시류를 읽고 준비가 되어 있는 자만이 진정으로 그 기회를 자기 것으로 만들 수 있다.

할리우드에 대한 도전,
스크린엑스(ScreenX)

2013년 10월 4일, 제18회 부산 국제영화제가 열리던 신세계 센텀 시티. CJ-CGV 스크린엑스 진행팀이 9층 문화홀에서 몹시 분주하게 움직이고 있다. 무전기 교신이 쉬지 않고 오간다.

"들어가실 시간입니다."

오후 3시 정각이 되자 입장을 하라는 안내가 나온다. 무대 뒤에서 기다리고 있던 김지운 감독, CJ-CGV의 안구철 담당과 함께 객석을 가득 메운 세계 각지에서 초청되어온 기자들 앞으로 나아갔다. 부산 국제영화제의 갈라 프레젠테이션 부분 공식 초청작인 강동원, 신민아, 이솜 주연의 30분짜리 단편영화 〈더 엑스〉를 소개하는 자리였다. 경쟁하듯 터지는 카메라 불빛이 마치 야구장의 거대한 조명탑처럼 눈이 부셨다.

틀을 깨려는 용기가 필요해

　마이크가 일렬로 늘어선 무대 중앙의 긴 테이블까지 걸어가는 그 짧은 시간 동안 여러 가지 생각들이 머릿속을 스쳐 지나갔다. 영화배우도 아니고 감독도 아니고, 그렇다고 연극영화과 교수도 아닌 공학 전공 교수가 관록 있는 국제영화제에서 화제가 되고 있는 기자회견장에 자리를 함께한다는 것이 그리 흔한 일은 아닐 것이다. 과정은 결코 쉽지 않았지만 그 모든 노력의 완성된 결정체를 마침내 세상에 내놓는 기쁨은 그 어떤 말로도 표현이 부족할 만큼 내 가슴을 희열로 들끓게 만들었다.

　지난 백 년 동안 세계 영화계의 중심은 단연 미국의 할리우드였다. 꿈의 공장이라 불리는 할리우드는 매번 끊임없는 신기술을 선보이며 세계 영화관객들의 눈과 귀를 사로잡아왔다. 1930년대에는 미니어처 킹콩과 카메라 트릭을 이용해 괴물영화를 만들어 내었고, 1970년대 말에는 세계 최초로 디지털 특수효과를 사용한 〈스타워즈〉로 영화 기술의 일대 혁신을 가져왔다. 그리고 1990년대 〈쥬라기 공원〉에서는 마치 살아 있는 것처럼 움직이는 공룡들을 창조해내기도 했다. 할리우드의 기술력은 말 그대로 '넘사벽'이었다.

가장 최신 영화 기술은 〈아바타〉를 통해 전 세계에 파급된 3D 입체영화이다. 그러나 관객들이 두 시간 가까이 특수 안경을 착용하고 있어야 하는 불편함이 끊임없이 문제점으로 제기되어왔다. 그런데 이 3D 입체영화기술을 넘어 영화의 기획과 제작, 관람의 방식을 혁신적으로 바꿀 수 있는 전혀 새로운 기술이 탄생한 것이다. 그것도 할리우드가 아닌 한국에서 말이다.

스크린엑스는 스크린 익스피리언스(Screen Experience)의 줄임말로 관객들의 몰입을 극대화시키는 영화 제작, 상영 기술이다. 영화 〈더 엑스〉는 이 신기술의 완성도와 상업적인 성공 가능성, 그리고 관객의 반응도를 증명해보이기 위해 제작된 영화였다. 할리우드를 앞지른 이 스크린엑스 기술의 개발은 세계 영화시장에서 이례적인 일로 「월스트리트 저널」을 비롯한 세계 주요 신문들이 그 성공적인 데뷔를 앞다퉈 보도했다.

틀을 깨려는 용기가 필요해

Coming Soon: Surround Movies With a 270° View

ARTICLE   COMMENTS

BUSAN INTERNATIONAL FILM FESTIVAL   CINEMA   KIM JEE-WOON   SCREENX   THE X

 Email   Print

By JEYUP S. KWAAK

— CJ CGV Co. Ltd. The X, showing in a ScreenX movie theater.

A South Korean company can make a movie literally jump off the screen – onto the theater walls.

The ScreenX technology by the country's largest cinema chain **CJ CGV Co.**
079160.SE -0.85% Ltd. makes use of sidewalls as supplementary screens and enables a 270-degree view for the audience, its developers say.

Movie fans at the ongoing Busan International Film Festival saw the world premiere of the first feature film shot with the technology on Friday, in the form of a **30-minute spy thriller** directed by cult Korean filmmaker Kim Jee-woon.

이 모든 일이 시작된 것은 2012년 여름. CJ 신사업개발팀 팀원들이 나의 연구실 문을 두드리면서부터였다. 카이스트 문화기술대학원에서 학위를 마친 그들은 미국에서 컴퓨터그래픽스 분야로 박사 학위를 취득하고, 할리우드에서 다년간 컴퓨터 특수효과 기술을 연구 개발한 나의 경력에 대해 잘 알고 있었다. 그들의 고민은 현재 인기를 얻고 있는 3D 입체영화 기술의 단점을 극복하면서 관객들에게 새로운 볼거리를 제공할 수 있는 기술이 과연 무엇이 있겠는가 하는 것이었다. 그러면서 중앙 프로젝터로 정면에 화면을 투사하는 기존의 영화 상영 방식에서 벗어나 양쪽 옆면까지세 개의 면을 극장의 스크린으로 활용해보면 어떠냐고 했다. 상식을 비튼 획기적인 발상이 아닐 수 없었다. 그리고 이 아이디어를 기술적으로 실현 가능하도록 만들어달라는 숙제를 내밀었다.

내게는 한 가지 고약한 버릇이 있다. 평탄한 길을 잘 가다가눈앞을 가로막는 산이 나타나면, 그 산이 고개를 뒤로 꺾고 봐야할 만큼 높고 험준할수록 뱃속 깊은 곳에서부터 알 수 없는 흥분과호기심이 솟구쳐오른다는 것이다. 게다가 나를 믿고 찾아온 우리학과 졸업생들의 앞날에 탄탄대로가 열리는 일이라고 하니 조금이라도 손을 보태는 것이 스승의 역할이 아니던가. 나는 두 번 생각지도 않고 그 일을 맡겠다고 나섰다. 새로운 프로젝트에 대한 설명을 들은 연구실 학생들의 반응은 가히 폭발적이었다. 그간 크고작은 국책 혹은 산업체 프로젝트들을 해내며 자신감 게이지가 한껏 상승한 학생들은 할리우드를 앞질러 세계 최초로 영화 관련 기술을 개발한다는 사실에 무척이나 신이 나 했다. 무엇보다도 논문한 편 쓰는 것으로 끝나는 연구가 아닌, 사람들의 삶에 직접적인

틀을 깨려는 용기가 필요해

영향을 미칠 수 있는 기술 개발이라는 점에서 의미가 있었다.

　　기존에 없던 새로운 것을 만들어낼 때에는 과연 제대로 완성
된 결과물이 나올 것인지 그 누구도 장담할 수 없다. 그래서 '근데

이게 정말 가능하긴 한 거야?'라는 질문을 하루에도 열두 번씩 스스로에게 던지게 된다. 신기술 개발이란 어찌 보면 사람 사는 일과도 닮은 구석이 많다. 아무리 패기와 열정에 넘쳐 최선을 다해도 막막한 문제들이 낡은 수도관처럼 쉬지도 않고 터져 나온다. 그리고 내가 맞는 길을 가고 있는지도 확신이 없다. 딱히 정답이라는 것이 존재하는지조차 불확실한 상황에서 어딘가에 있을 정답을 찾는 게 아니라 스스로 정답을 만들어내야 하는 경우가 더 많다. 그래서 하루하루가 괴롭고 힘들고 초조한 가시방석이다.

스크린엑스 기술은 기술 자체가 문제가 아니라 바로 현장에서 사용 가능해야 한다는 부분에서 제약이 많았다. 극장 양쪽 옆면에 영상을 투사해야 하는데도 불구하고 부가적인 스크린 설치가 불가능했다. 그렇다고 벽에 설치된 스피커나 비상구 등에 손을 댈 수도 없었다. 결국 프로젝터를 몇 개 더 설치하는 것 말고는 극장 내부를 변형시킬 수 있는 방법이 전혀 없다는 얘기였다.

극장 벽에 정면 스크린과 같은 스크린을 설치한다면 극장이 가지는 고유의 느낌을 훼손할 수도 있다는 것이 첫 번째 이유였다. 그리고 두 번째로 스크린엑스 시스템의 설치비가 문제였다. 스크린엑스 상영관이라고 하더라도 프로젝터들의 스위치만 내리면 바로 일반 상영관으로 전환이 가능해야 했다. 일회성 이벤트용이었다면 설치비가 높더라도 큰 문제가 되지 않았을 것이고 최적화된 영상 품질을 위해 극장의 리모델링까지 허용되었을지도 모른

틀을 깨려는 용기가 필요해

다. 그러나 이 기술을 개발하는 목표 자체가 적게는 8백 개 이상의 CGV 극장과 많게는 14만 개가 넘는 전 세계 극장에 쓸 수 있도록 하는 것이니만큼 상업적으로 비용을 최소화하는 것이 관건이었다. 그러나 스피커 등의 설치물로 인해 평평하지도 않은 극장 벽에 수백만 원대의 저가 프로젝터들로 영상을 투사하면서, 한 대에 1억 원이 넘는 값비싼 영화 상영 전용 프로젝터의 영상 품질과 차이가 나지 않게 하라는 것은 그야말로 '미션 임파서블'이었다.

어려운 프로젝트를 만나 고전할 때마다 나는 학생들에게 "우리니까 하는 거지, 날로 먹는 거였으면 다른 데서 했을 것"이라는 말로 다독이곤 한다. 일을 할 때에도 그렇고 사는 일에도 그렇고 벽에 부딪쳤을 때에는 두 가지 해결책이 있다. 깨끗하게 마음을 접고 돌아서는 것과 벽 어딘가에 있을 문을 찾는 것. 내 경험상 벽에 부딪치는 일은 늘 일어났지만 그것이 진짜로 막다른 골목이었던 적은 단 한 번도 없었다.

우리는 우선 컴퓨터그래픽스 분야와 컴퓨터 비전 분야, 이미지 프로세싱 분야, 네트워크 기술 분야, 데이터 처리와 확률 통계 분석 분야에서 기존에 알려진 방식 중 우리가 활용할 만한 방법이 있는지 사전 조사를 진행했다. 거기에서 아무런 수확이 없다면 수학적인 지식들을 총동원해서 새로운 방식을 만들어내야만 했다. 여러 번의 시행착오 끝에 여러 대의 프로젝터를 기존의 극장 시스템과 연동하는 동기화 기술을 개발해내고, 여러 프로젝터에서 투

사하는 영상들을 마치 하나의 프로젝터에서 투사하는 이미지처럼
보이게 하는 자동 캘리브레이션 기술도 완성했다. 벽의 요철에 의
해 생기는 이미지 왜곡도 자동으로 보정되도록 했으며 객석의 어
느 자리에서건 관객들이 균일한 영상을 볼 수 있도록 하는 콘텐츠

틀을 깨려는 용기가 필요해

최적화 기술도 만들어냈다.

　스크린엑스 프로젝트를 진행하며 부딪친 하나의 난관은 소프
트웨어를 개발할 때마다 테스트를 해보는 일이었다. 컴퓨터상으로
는 가능하다고 나오는 방법이 실제 극장에서는 전혀 예상치 못한
문제들을 일으키는 일이 허다했기 때문이었다. 그렇다고 대전과
스크린엑스 시스템이 설치될 서울의 극장을 매일 오갈 수도 없는
노릇이었다. 결국 CJ의 흔쾌한 예산 승인으로 학교 캠퍼스에 삼사
십 석 규모의 극장을 마련할 수 있었다. 크고 화려하지는 않았지만
구조를 조절해가며 새로 개발되는 기술을 가능한 빠르고 다양하
게 테스트할 수 있도록 특수 설계된 극장이었다.

　캠퍼스 안에 극장까지 생겼지만 중간중간 시연을 위해 서울
에 있는 진짜 CGV 극장까지 달려가는 일은 피할 수 없었다. 조조
부터 심야까지 쉬지 않고 돌아가는 극장에 피해가 가지 않도록 하
기 위해 설치 작업은 늘 새벽이나 되어서야 시작되곤 했다.

　3D 입체영화를 촬영할 때는 좌우 각각의 눈에 맞춘 영상을

위해 동기화된 카메라 두 대로 촬영을 해야 한다. 그래서 영화제작이 훨씬 까다롭고 비용도 많이 들어갈 수밖에 없다. 스크린엑스용 영화는 거기서 한 술 더 뜨는 것이 옆면에 투사될 영상을 위해 카메라 세 대가 동시에 돌아가야 했다. 그것은 산전수전 다 겪은 노련한 촬영 팀에게도 매우 낯선 작업이었다. 조금이라도 실수를 하면 세 대의 카메라가 잡아내는 270도의 영역 안에 조명이나 마이크, 움직이는 스태프들이 찍히기 일쑤였다. 그래서 연구원들이 엄동설한에 영화 촬영 현장에서 스태프들과 함께 덜덜 떨며 밤을 새기도 했다. 그래도 누구 하나 불평하는 사람이 없었다.

그렇게 현장과 연구실을 정신없이 뛰어다니다 보니 산적했던 문제들이 슬금슬금 해결되기 시작했고, 스크린엑스 시스템이 설치

틀을 깨려는 용기가 필요해

된 상영관들도 하나둘씩 늘어나 어느덧 80여 개에 이르렀다. 그리
고 드디어 3면을 활용한 광고가 제작되어 일반에 공개되었다. 영
화를 보러 온 관객들은 처음 보는 스크린엑스 광고를 매우 신기해

2장 수퍼맨과 가필드

했다. 스크린엑스 시스템을 보기 위해 비공식적으로 내한한 할리우드의 관계자들은 이 새로운 기술에 감탄을 금치 못했다. 천칠백만 관객을 동원한 영화 〈명량〉의 김한민 감독이 영화 제작 당시 스크린엑스 기법을 쓰고 싶어 했지만 이미 영화 촬영이 모두 끝난 뒤라 옆면용 영상 처리에 어려움이 많을 수 있어 결국 마음을 접었던 일도 있었다.

스크린엑스 기술은 세상에 나오자마자 빠르게 그 산업적 가치를 인정받았다. 관련 정부 부처의 관계자들이 먼저 찾아와 정부 차원에서 지원해줄 수 있는 방안에 대해 물었고, 2015년 박근혜 정부가 기치로 내건 창조경제의 미래 성장 3대 플래그십 프로젝트

중 하나로 선정되었다. 그리고 배우 김혜수, 김고은 주연의 〈차이
나타운〉을 시작으로 스크린엑스용 국내 장편영화가 하나둘씩 개
봉되기 시작했다. 할리우드의 대표적인 애니메이션 제작사인 디즈
니-픽사(Disney-Pixar)와 스크린엑스용 애니메이션 제작에 대한 논의
또한 급물살을 타고 있다. 영국의 BBC 방송국에서 스크린엑스 기

술을 소개하기 위해 직접 학교로 찾아와 취재를 하기도 했다. 최근에는 미국 LA에 스크린엑스 전용 극장이 마련되었고, 동남아 지역으로의 진출도 준비 중이다. 이제 스크린엑스 기술이 스크린을 통해 전 세계 관객들과 만나게 될 날이 멀지 않은 것이다.

　스크린엑스 기술의 개발은 결코 나만의 공이 아니다. 실무에서 든든한 버팀목이 되어준 학생들이 있었고, 어려운 문제가 생길 때마다 같이 머리를 맞대고 해결책을 찾아준 CJ 기획팀이 있었고, 무엇보다 난관에 부딪쳐 진땀을 빼는 순간까지도 즐길 줄 아는 우리의 지치지 않는 열정이 있었기에 가능한 일이었다. 그날, '세계 최초'라는 타이틀을 쥐고 스포트라이트가 쏟아지는 무대에 선 것은 내가 아니라 우리였다.

틀을 깨려는 용기가 필요해

대학원 논문이 맺어준
〈가필드〉와의 인연

나의 박사 학위 논문은 사실적인 얼굴 애니메이션을 자동으로 만들어내는 기법에 관한 것이었다. CG로 얼굴의 움직임을 실제와 같이 자연스럽게 표현해내기란 매우 어려운 일이지만 컴퓨터 애니메이션이나 영화의 특수효과 제작에 있어서는 필수적인 기술 중 하나이다. 외계인이건 강아지건 유령이건 영화의 등장인물들은 모두 완벽하게 '현실'처럼 보여야 한다.

내가 논문을 통해 최초로 제안한 것은 기존의 얼굴 데이터를 재활용하는 방식이었다. 하나의 얼굴 모델에서 애니메이션 데이터를 뽑아내어 수학적으로 최적화된 매핑(Mapping)을 통해 생김새나 형태가 다른 다양한 얼굴 모델들로 자동으로 표정이 복제되도록 하는 것이다. 영화 〈반지의 제왕〉에 나온 '골룸'의 표정 연기가 실은 생김새가 전혀 다른 배우 앤디 서키스(Andy Serkis)의 표정에 의해 만들어졌듯 서로 다른 모델 간에 표정이 자연스럽게 전이되는 이 방식은 당시 학계에서 큰 주목을 받았으며, 2001년 ACM 시그그래프에 소개되었다. 그때까지 나의 연구실 지도교수님조차 아직 이루어내지 못한 성과였고, USC(University of Southern California)의 그래픽스 연구실에서도 처음 있는 쾌거였다. 한국인이 시그그래프에 논문을 발표한 경우가 극히 드물던 때여서 연구 성과에 대한 국내외의 반응도 적잖게 뜨거웠다.

논문을 발표하자마자 미국의 컴퓨터그래픽스 전문잡지인 「컴퓨터그래픽스 월드(Computer Graphics World)」에서 인터뷰 요청을 해왔다. 그리고 한국에서는 연구 결과 발표 강연을 위해 당시 박사과정 학생인 나에게 비즈니스 클래스의 비행기 표와 사흘 동안 서울 강남의 최고급 호텔 무료 숙박을 제공해주었다. 그리고 학생 신분으로는 구경하기 힘든 두둑한 강의료도 챙겨주었다. 호기심이 발동한 나는 호텔 프런트에 전화를 걸어 방값이 얼마냐고 물어보았다. 그런데 내가 살고 있는 미국 아파트의 거의 두 달 렌트 비용과 맞먹는 액수가 아닌가. 나는 신이 나서 호텔 방 안을 팔짝팔짝 뛰어다녔다. 내 30분 강의의 가치가 이 정도라니. 세상이 나의 연구 결과에 이 정도로 열광하고 있다니 믿어지지가 않았다. 스타의 삶이란 이런 것이로구나, 공부만 잘해도 충분히 연예인 부럽지 않은 스타가 될 수 있구나, 하는 것을 깨닫게 해준 순간이었다.

틀을 깨려는 용기가 필요해

한 번은 우리나라 최고의 대기업에서 세미나를 위해 나를 초빙하며 기사가 딸린 고급 자가용을 보내준 적도 있었다. 깍듯한 예의를 갖춘, 나보다 훨씬 연장자로 보이는 기사분이 운전하는 차의 뒷좌석에 학생인 내가 편하게 다리 뻗고 앉아 있기가 쑥스럽고 민망하여 가는 내내 좌불안석이었던 기억이 지금도 생생하다. 그리고 아직 박사과정을 다 마치지도 않았는데 우리나라 컴퓨터그래픽스 계의 최고 대가로 손꼽히는 카이스트 전산과의 신성용 교수님으로부터 카이스트 교수 자리를 제안받기도 했다. 자고 일어나 보니 유명해졌다는 말이 제대로 실감이 났다. 전 세계에 널리고 널린 박사과정 학생들 중 한 명에 불과했던 내가 하루아침에 세계적인 연구자 반열에 이름을 올린 것이다. 그렇다고 내가 그동안 개인적인 즐거움을 꾹꾹 누르고 희생해가며 힘들게 살았던 것은 아니다. 나에게는 연구가 세상 그 무엇보다 재미있는 일이자 놀이였다.

당시 시그그래프의 논문 제출 마감일은 1월 둘째 주였다. 거리는 연말연시의 들뜬 분위기로 술렁거렸지만 나는 연구를 마무리하고 기한 내에 논문을 제출하기 위해 정신없이 바쁘게 달려가고 있었다. 12월 중순이 되어 학기말 시험이 끝나고 학생들이 하나둘씩 집으로 돌아가면서 학교 캠퍼스는 금세 썰렁해졌다. 그러다 크리스마스가 되자 교내 식당은 물론 학교 근처의 식당들마저 모두 문을 닫아버렸다. 학교 안은 개미 새끼 한 마리 얼씬거리지 않는 정적에 휩싸였다. 그렇게 아무도 없는 학교 연구실에서 나는 학부생이었던 인도 출신 인턴 한 명을 불러다 놓고 연구를 진행했다.

차를 타고 한참을 나가서 유일하게 영업 중이었던 햄버거 가게를 찾아내어 햄버거 세트를 사다 날랐다. 내가 사온 햄버거에 감동한 그 인턴 학생은 무척이나 고마워하며 사방이 들썩거리는 12월에 연구실에 처박혀 있으면서도 불평 한 번 하지 않고 연구에 필요한 자료들을 만들어주었다. 얼굴 애니메이션이 하나의 모델에서 다른 모델로 성공적으로 매핑되어 옮겨진 가시적인 결과물들은 그 어떤 게임이나 놀이가 주는 쾌감보다도 나를 더 흥분시켰다. 보다 진보한 기술을 위해 새로운 아이디어를 내고 방법론을 정교하게 다듬으며 나의 아이디어가 옳았음을 증명해내는 과정은 끝없는 긴장감과 성취감을 맛보게 해주었다. 그것이 너무 신이 나서 연구실에서 혼자 보내는 크리스마스와 새해 첫날이 조금도 외롭거나 힘들지 않았다.

1월 첫째 주가 되어 학교로 돌아온 지도교수님은 그동안 내가 만들어놓은 연구 결과를 보고 깜짝 놀라셨다. 논문의 원고를 검토한 교수님은 시그그래프 제출을 허락해주셨고, 그렇게 데이터 재활용을 통한 얼굴 애니메이션 기술인 '익스프레션 클로닝(Expression Cloning)'이 세상 빛을 보게 되었다. 만일 그것이 누군가가 내게 떠넘긴 연구라서 억지로 황금 같은 연말의 시간을 반납하고 연구실에 처박혀 일만 해야 했던 것이라면 절대로 그런 결과를 만들어내지 못했을 것이다. 좋아서 했던 일이었다. 좋은 나머지 반쯤 미쳐서

틀을 깨려는 용기가 필요해

했던 일이었기에 가능한 결과였다.

일이 즐거우면 결과는 자연스럽게 따라오는 것은 직장에서도 마찬가지였다. 졸업 후 처음 입사한 리듬 앤 휴즈 스튜디오(Rhythm & Hues Studios)는 할리우드에서도 손꼽히는 영화 비주얼 특수효과 제작회사이다. 내게 할당된 첫 임무는 바로 내가 쓴 박사 학위 논문 속의 기술이 잘 구현되고 있는지 확인하는 것이었다. 알고 보니 그 회사의 소프트웨어 엔지니어가 내 논문 속에 있는 핵심 기술 중 일부를 이미 구현하여 영화의 특수효과 제작에 실제로 사용하고 있었다. 그러던 차에 논문의 원저자인 내가 입사한 것이다. 내가 생각해낸 기술이 현장에서 인정을 받고 있다는 생각을 하자 그보다 더 나은 것을 개발해보고 싶은 욕심이 자연스럽게 생겨났다.

나는 논문에서 소개한 기술들을 바탕으로 얼굴 데이터를 조절하는 크고 작은 새로운 기술들을 만들어내었고, 이것이 영화 〈가필드〉의 주인공인 고양이 가필드의 표정 연기에 사용되었다. 영화가 끝나고 스크린 위로 엔딩 크레딧이 빠르게 올라가는 동안 나는 눈을 부릅뜬 채로 자리에서 꼼짝도 하지 않았다. 그리고 내 이름 석 자가 거기에 당당하게 박혀 있는 것을 보았다. 수많은 제작진들의 이름 중 하나에 불과했지만 나는 마치 영화의 주인공이라도 된 것 같은 감격으로 가슴이 벅차올랐다. 자신의 일을 재미없어 하는 사람 중에 성공한 사람을 찾아보기 힘들다고 했던 카네기의 말처럼, 박사 논문이 성공할 수 있었던 것은 순전히 논문을 준

비하는 과정을 내가 재미있어했기 때문이다. 그리고 그 논문이 맺
어준 〈가필드〉와의 인연이 성공적인 할리우드 안착으로 이어질 수
있었던 것은 재미있는 일을 좀 더 '재미있게' 만들어보고 싶었기
때문이었다.

틀을 깨려는 용기가 필요해

영화에 미치다

　　안중근 의사는 '하루라도 책을 읽지 않으면 입에 가시가 돋는다.'고 하셨지만 나는 소싯적 한 주라도 영화를 보지 않으면 숙제를 안 한 것 같은 불안감에 시달리곤 했다. 바쁜 일이 생겨 극장에 가지 못하고 한 주를 넘기고 나면 그다음 주에 두 배로 영화를 챙겨봐야 직성이 풀렸다. 극장에서 개봉하는 영화는 장르나 줄거리를 불문하고 닥치는 대로 다 봐야 마음이 놓였다. 공포영화는 가슴을 졸이는 맛이 있어 좋았고, 로맨스 영화는 설레서 좋았고, 블록버스터는 통쾌한 액션이 마음에 들었다.

　　주말이면 당시 여자 친구였던 지금의 아내와 함께 극장에 가는 것이 필수 데이트 코스였다. 연달아 영화 세 편, 때로는 네 편을 본 뒤 밤이 늦어서야 집으로 갔다. 그야말로 약도 없는 심각한 영화 중독이었다. 어릴 적 책을 읽으면서 머나먼 우주로, 미래의 세계로 상상의 나래를 펼치며 느꼈던 짜릿한 기분을 영화를 통해 다시 한 번 맛보고 있었다. 그렇게 영화에 미쳐 있다 보니 자연스레 영화가 어떻게 만들어지는지 궁금해졌다. 그리고 영화에 관련된 일을 하면 재미있지 않을까, 하는 생각을 하게 되었다. 그렇다고 공학도인 내가 갑자기 영화감독이 되거나 배우가 될 수는 없는 일이었다. 그러다가 무릎을 탁 친 것이 바로 컴퓨터그래픽이었다. CG 분야라면 영화판에서 나의 미친 존재감을 한껏 드러내볼 수 있지 않을까.

그동안 소비자로 영화 보는 재미에 흠뻑 빠져 있었다면 리듬 앤 휴즈 스튜디오에 입사하고 난 후 나는 생산자의 입장에서 영화를 보게 되었다. 소비자로서 영화에 대해 가졌던 열정을 이제 영화 특수효과 제작에 쏟아부을 차례였다. 마음은 도전정신에 불타오르고 꿈은 원대했으나 현실은 만만치 않았다. 로토스코핑(Rotoscoping), 애니메이션 프락시(Proxy), 매치 무빙(Match Moving) 등 전산학을 전공하는 동안 한 번도 들어보지 못한 난해한 용어들이 끝도 없이 튀어나왔다. 그런데 이 바닥에서는 흔하게 쓰이는 기초 용어들이라 매번 모르는 단어가 나올 때마다 그게 무슨 의미냐고 물어볼 수만도 없는 입장이었다. 회의에 들어가면 영어 때문이 아니라 용어의 뜻을 이해하지 못해 대화의 벽을 느낀 적이 한두 번이 아니었다. 이럴 때는 왕도가 따로 없다. 나는 주어진 일들을 하는 중에 따로 틈

틀을 깨려는 용기가 필요해

을 내어 영화와 디지털 특수효과에 관련된 공부를 차근차근 해 나갔다. 그리고 연구개발팀과 무관한 다른 부서의 회의에도 슬쩍 들어가 무슨 대화가 오고 가는지 관찰하곤 했다. 그러자 처음에는 외계어처럼 전혀 알아들을 수 없었던 말들이 어느 순간부터 귀에 들어오기 시작했다. 그리고 할리우드의 블록버스터 영화들을 만들어내는 핵심 기술들을 하나둘씩 내 손으로 만들어갔다.

회사에서 개발한 여러 가지 기술들 중 가장 기억에 남는 것은 지형자동생성기술이다. 당시 제작 중이던 〈나니아 연대기〉는 블록버스터 영화에 걸맞는 대규모 전투 장면이 영화 곳곳에 포진해 있었다. 상상의 세계에서 펼쳐지는 전투 장면을 만들기 위해 뉴질랜드에서 배경이 될 지형을 항공 촬영하고 그 위에 수천수만 개에 달하는 각종 상상 속 캐릭터들이 두 편으로 나뉘어 펼치는 치열한 전투를 CG로 만들어내야 했다. 그런데 이 부분이 가장 어려운 작업이었다.

실제 배경 영상은 2D 이미지들인데 CG로 만든 캐릭터들은 3D로 모델링이 되어 있어 3차원의 정보를 가지고 움직인다. 완성된 장면에서 캐릭터가 배경 위를 뛰어다니는 모습을 보여주기 위해 3D 캐릭터와 2D 배경을 자연스럽게 합성해야 하는데 서로 차원이 달라 한 치의 오차도 없이 합성하는 것은 거의 불가능한 일이었다. 위치를 까딱 잘못 놓으면 3D 캐릭터의 발이 2D 이미지의 땅 속에 파묻힐 수도 있고 뛰어가던 캐릭터가 앞에 놓인 바위를 뚫고 지나가 버릴 수도 있었다. 이런 오차들이 사실감을 크게 떨어트리는 원흉이었다.

이 문제를 해결하기 위해 디지털 아티스트들은 촬영된 2D 배경에 맞춰 3차원 지형을 일일이 손으로 만들어야 했다. 지형이 3차원이 되면 3차원 캐릭터와 자연스럽게 합성이 될 수 있기 때문이었다. 그런데 이 작업은 극도로 노동 집약적인 것이어서 3~5초 분량의 배경 지형 이미지 컷 하나를 3차원 지형으로 바꾸려면 아무리 숙련된 사람이라고 해도 꼬박 8시간이 걸렸다. 두 시간 분량의 영화에 들어가는 배경 지형의 수를 생각하면 실로 엄청난 비용과 시간이 들어가는 수작업이었다.

현장에서 발생하는 이런 난제는 기술 개발자들에게 떡밥이나 다름없다. 마치 친구들과 모여서 놀다가 누군가 수수께끼를 하나 탁 던져 놓으면 서로 먼저 풀려고 안달을 내는 아이들처럼 설레며 문제 해결에 돌입하는 것이다. 우리는 뉴럴 네트워크(Neural Network), 주성분 분석(Principal Component Analysis), 가우시안 혼합 모델(Gaussian Mixture Model) 등의 수학적 개념들을 적용하여 이 문제를 해결할 답을 찾아내었다. 사실 영화의 특수효과 기술이라고 하면 대부분의 사람들은 미적인 감각만을 우선으로 떠올리지만 그 미적인 감각을 표현하기 위해서는 수학과 공학적인 지식, 프로그래밍 기술이 필수적이다.

지형자동생성기술은 아티스트의 생산성을 수백 배까지 향상

틀을 깨려는 용기가 필요해

시켰다. 꼬박 하루가 걸리던 작업이 이제는 버튼 하나만 누르면 3
차원 지형이 삼사 분 만에 자동으로 완성되어 화면에 나타났다. 그
동안 시간만 잡아먹는 작업에 지쳐 있던 아티스트들이 열광하는
것은 당연했다. 별로 친하지 않고 잘 모르던 사람들까지도 내 자리
로 찾아와 고맙다는 인사를 건넸다. 산모가 마침내 아기를 안고 나
면 출산의 고통을 깡그리 잊는 것처럼 나는 해결책을 찾아내려고
머리카락을 쥐어뜯으며 보낸 시간들은 어느새 까맣게 잊고 그저

2장 수퍼맨과 가필드

하늘을 나는 기분이 되었다. 지형자동생성 기술은 내가 한국으로 온 이후 지금까지도 리듬 앤 휴즈 스튜디오에서 제작되는 모든 할리우드 대작 영화에 지속적으로 활용되고 있다.

또 한 가지 기억에 남는 대표적인 R&D 성과로 유체 시뮬레이션 기술이 있다. 폭풍우가 치는 바다, 화산 폭발, 연기, 구름, 어항 속의 물의 출렁임 등, 기체와 액체의 움직임을 컴퓨터로 재현해내는 것이다. 이런 장면들은 촬영에 위험이 따르거나 실제로 어찌어찌 촬영을 한다고 해도 감독이 원하는 장면을 연출하기가 쉽지 않다. 재난 영화를 촬영한다고 해서 진짜로 거대 폭풍이 몰아치는 현장을 찾아가거나 화산 폭발이 일어나기를 무작정 기다릴 수는 없지 않은가. 그래서 이런 장면들을 직접 촬영하는 대신 컴퓨터로 시뮬레이션을 해서 실제 영상처럼 보이게 만드는 작업이 필요한 것이다.

유체 시뮬레이션 기술의 핵심은 계산 유체 동역학(Computational Fluid Dynamics)에 자주 등장하는 나비에스토크스 방정식(Navier-Stokes Equations)으로, 압축되거나 팽창되지 않는 유체가 중력이나 바람 등 외부에서 가해지는 힘에 의해서 움직이는 방식을 표현한다. 나는 기계공학을 전공한 사람이라면 누구나 알 만한 이 기본적인 수식을 기반으로 한 유체 시뮬레이터의 구현에 들어갔다. 원래 수식의 길이는 단 두 줄. 그러나 여기에 여러 가지 수학적인 기법을 가미하고 사용자의 편의를 위한 유저 인터페이스를 더하자 수만 줄의

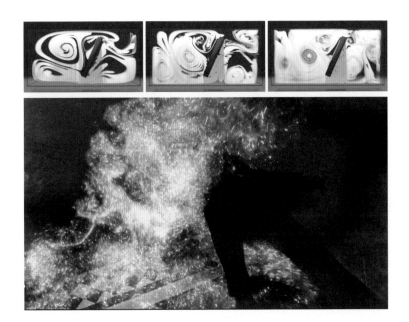

방대한 크기의 프로그램이 탄생했다.

아티스트들은 이 시뮬레이터를 사용해서 각종 영화에 등장하는 블록버스터급 장면들을 척척 만들어냈다. 사용 중 불편한 점이 생기면 개선을 요청해왔고 나는 그에 맞게 유체 시뮬레이터를 지속적으로 업그레이드시켜주었다. 시뮬레이터의 속도가 그 좋은 예였다. 장면을 사실적으로 시뮬레이션하기 위해서는 고해상도로 셋업을 해야 하는데 이미지 한 프레임의 계산 속도에만 몇 분이 걸렸다. 1초 분량을 위해 스물네 개의 프레임을 시뮬레이션 하는데 결과가 만족스러울 때까지 계속 반복해야 하기에 시뮬레이션의 속도는 생산성과 직결되는 문제였다. 소프트웨어 책임자인 조나단 코헨(Jonathan Cohen)과 UCLA 교수인 제론 몰메이커(Jeroen Molemaker) 등과 함께 새로운 계산 방식을 연구하기 시작했다. 그리고 나비에 스토크스 방정식의 해를 찾는 보다 진보된 방식을 찾아내는 데 성공했다. 그 결과 시뮬레이션의 품질은 유지하면서 계산 속도를 수십 배까지 올릴 수 있었다. 이 연구 내용은 컴퓨터 애니메이션 심포지엄(ACM Symposium on Computer Animation)에 발표되었고 학회 최고의 논문으로 선정되었다. 획기적인 생산성 향상으로 인해 또 한 번 아티스트들의 감사 인사와 칭찬이 쏟아진 건 두 말할 것도 없었다. 이 기술은 후에 〈황금 나침반(Golden Compass)〉이라는 영화에 사용되어 그해 아카데미 어워드 기술상(Academy Awards Technical Achievement)을 받기도 했다.

난다 긴다 하는 실력자들이 모여드는 할리우드의 첨단 영화 기술 시장에서 내가 이렇게 두각을 나타낼 수 있었던 이유는 무엇이었을까? 나는 딱히 주위의 동료들보다 먼저 주목받고 성공하고 싶다는 경쟁 심리는 없었다. 회사에서 해고당하지 않으려고 발버둥치고 싶은 마음도 없었고, 그렇다고 어차피 맡은 일이니까 조금이라도 그럴싸한 결과를 내보자는 '피할 수 없으면 즐겨라' 마인드도 아니었다. 나는 영화에 미쳐 있었다. 그것이 이유였다. 내가 동경해 마지않는 영화의 생산 주체가 되었다는 것이 믿어지지 않을 만큼 좋았다. 수학적으로 고민하고 도출해낸 결과가 현란한 영상이 되어 눈앞에 펼쳐지는 것이 너무나 짜릿했다.

무언가에 미쳐 있다는 것은 아무리 큰 도전이 닥치고 아무리 쓰디쓴 실패를 맛보더라도, 어떠한 시련도 참고 포기하지 않는다는 것이다. 출중한 결과물은 그로 인한 자연스러운 열매가 된다. 이왕 사는 거라면 내가 진정으로 좋아하는 것을 찾아 그 일에 미칠 수 있어야 한다. 어떤 일이든 일신의 편안함이나 한껏 게으름을 부릴 수 있는 주말쯤은 가볍게 무시하게 만드는 그런 일을 가져야 한다. 그 일을 함에 있어 고군분투를 할지언정 길은 하나뿐이다. 오로지 앞으로 나아가는 것. 내가 미치게 좋아하는 일이기 때문이다.

할리우드의 직장인

    할리우드에서 일을 하리라 마음을 먹은 뒤 리듬 앤 휴즈 스튜디오에 이력서를 보냈다. USC 박사과정에 있을 때부터 직원들이 연구실로 찾아와 협업에 대한 논의를 한 적도 있어서 어느 정도 친숙한 회사였다. 면접을 보러 오라는 연락이 왔다. 첫인상이 좋아야 한다는 생각에 언제 마지막으로 입었는지 기억도 안 나는 양복을 꺼내놓고 세탁소에 맡겨야 하나 말아야 하나를 고민하고 있었다. 그러다 그 회사 직원 중에 아는 지인에게 전화를 걸어 너희 회사에 인터뷰를 보러 가는데 아무래도 양복을 입고 가는 게 낫지 않겠느냐고 물었다. 그러자 수화기 너머로 웃음소리가 빵 하고 터져 나왔다. 남들 앞에서 조롱거리가 돼도 좋으냐면서 최대한 편하게 입고 오는 것이 회사 사람들 사이에서 튀지 않는 방법이라고 했다. 나는

틀을 깨려는 용기가 필요해

반신반의하면서도 평상시대로 입고 인터뷰 장소로 향했다. 그런데 회사에서 나를 맞아준 사람들의 옷차림은 그야말로 상상 초월이었다. 속옷이 훤히 드러나게 엉덩이에 반쯤 걸쳐진 반바지 차림이 있질 않나, 슬리퍼를 신은 사람은 도처에 널렸고, 길게 기른 머리를 춘향이처럼 땋고 있거나 민머리에 산도적처럼 수염만 덥수룩하게 기른 사람도 있었다. 양복을 입고 가겠다는 것을 뜯어말려준 그 친구가 한없이 고마웠다. 그런 옷차림으로 왔더라면 내가 얼마나 외계인처럼 보였을지를 생각하니 식은땀이 솟았다. 회사에 적응하는 과정에서 그러한 '문화 충격'은 시작에 불과했다.

내가 있던 학교 연구실에서는 대부분의 학생들이 자신이 맡은 일을 독립적으로 진행하기 때문에 각자 열심히 한 만큼 성과가 눈에 보이기 마련이다. 그런데 큰 조직에서는 개개인의 능력보다 사람들 간에 손발을 맞추는 것이 훨씬 더 중요하다는 사실을 깨닫게 된 것은 회사에 입사한 지 얼마 되지 않아서였다. 배우 성룡이 주연한 〈80일간의 세계 일주〉라는 영화에서 성룡이 탄 비행기가 런던 광장으로 추락하는 장면 중 CG로 그린 군중이 자연스럽게 움직이도록 구현하는 일을 맡게 되었다. 기술 개발에 시간이 얼마나 필요하겠느냐는 질문을 받고 신참이었던 나는 '대략 일주일 정도'라고 대답을 했다. 사실 한 번도 해보지 않은 일이어서 정확한 날짜를 예측하기가 어려웠다. 일단 기술 개발에 착수하자 나는 온 정신을 일에 집중한 채 화장실 가는 것도 잊고 무아지경에 빠진 사람처럼 엄청난 속도로 프로그래밍을 했다. 나의 일에 대한 열정과 능력, 그리고 헌신을 회사에 보여주고 싶었다. 그리고 내가 얼마나 훌륭한 인재인지 아예 초장에 도장을 딱 받아놓고 싶은 마음이었다. 일을 시작한 지 채 이틀이 지나기도 전에 나는 내가 맡은 기술 부분을 완벽하게 구현해냈다.

그날 오후, 아티스트들의 작업 진행 상황을 확인하러 다니던 PD가 내 사무실 옆을 지나가다가 "이틀 전 얘기한 기술 개발은 잘 진행되고 있겠지?"라고 물었다. 나는 기다렸다는 듯이 의기양양하게 "아, 그 일 다 끝냈어요." 하면서 그를 컴퓨터 앞으로 데려와 작업 결과를 보여주었다. 나는 당연히 '예정일보다 5일이나 빨리 끝내다니 정말 놀라운 실력인걸!'하는 칭찬이 튀어나올 것이라고 내심 기대하고 있었건만 내 시연을 보고 있던 PD의 안색은 점점 어두워져가기만 했다. 뭔가 잘못됐다는 것 정도는 눈치로도 알 수 있었다. 아니나 다를까 칭찬은커녕 걱정스러운 반응이 쏟아져 나왔다. 전체 작업 스케줄을 짜고 일을 진행하는 데 있어 나의 일처리 방식이 혼란을 주었다는 것이다. 아무 생각 없이 일주일이 걸린다고 말을 했더라도 일단 그렇게 하기로 했으면 일주일 만에 일을 마무리하는 것으로 속도 조절을 했어야 옳았던 것이다. 죽을힘을 다해 일한 대가가 칭찬과는 거리가 멀어서 속상하기는 했지만 중요한 깨달음을 얻는 계기가 되었다.

수백 명, 수천 명이 같이 움직이는 조직에서 일은 혼자 하는

틀을 깨려는 용기가 필요해

것이 아니다. 거대한 배를 움직이기 위해 모두 같이 노를 젓고 있는데 유독 힘센 사람 몇몇이 더 세게 노를 움직인다고 해서 배가 더 빨리 앞으로 나가지 않는다. 도리어 한자리에서 뱅글뱅글 맴만 돌게 될 뿐이다. 뛰어난 재능을 가지고 있기는 하지만 전체 조직이 움직이는데 도움이 되지 않는다면 훌륭한 인재라고 하기 어렵다. 그러니 조직을 움직이는 사람이 되거나 조직에 필요한 사람이 되고자 한다면 그런 '조화'의 중요성을 먼저 배워야 한다.

하루는 CTO인 마크 브라운(Mark Brown)이 주재하는 연구개발 팀 회의에 들어갔다. 팀 사람들이 한자리에 모여 현재의 상황을 점검하고 곧 개봉할 영화에 어떤 기술이 필요한지를 의논하는 자리였다. 한창 회의에 열을 올리고 있던 중에 갑자기 문이 열리면서 회사의 창업자이자 사장인 존 휴즈(John Hughes)가 불쑥 들어왔다. 이삼십 명이 한꺼번에 모여 있는 회의실에는 앉을 공간도 마땅치 않았고 여유분의 의자조차 없었다. 그런데 이상하게도 평상시에는 회사 복도에서 눈만 마주쳐도 활짝 웃으며 인사를 하던 사람들이 아무도 사장님에게 인사를 건네지 않는 것이었다. 회의는 계속되었고 아무도 자진해서 자신의 의자를 사장님에게 양보하려고 나서지 않았다. 존 휴즈는 주위를 한 번 슥 둘러보고 앉을 곳이 없다는 걸 깨닫고는 구석으로 가서 바닥에 털썩 주저앉았다. 그러다 잠시 말이 끊기는 순간이 오자 그제야 마크는 존 휴즈 쪽으로 고개를 돌리고 "존, 무슨 할 말이 있는 건가요?"라고 물었다. 그러자 그는 그대로 바닥에 앉은 채 "아니요. 신경 쓰지 말고 회의를 진행하세요. 개발 팀이 어떻게 돌아가는지 알아보려고 들어온 것뿐이에요."라고 대답했다. 그리고 열띤 회의가 이어졌다.

미국에서 10년이 넘게 산 나에게도 그것은 상당한 충격이었다. 우리나라라면 어땠을까? 회의실에 사장님이 들어왔다면 회의고 뭐고 즉시 전원 기립은 기본이었을 것이다. 인사를 한 뒤 부랴부랴 자리를 마련하느라 의자를 찾아 건물 이곳저곳을 뛰어다녔을 것이고, 그렇게 일단 상석에 사장님을 앉히고 나서야 회의를 속개했을 것이다. 회의 중이라는 이유로 한 해 수천 억을 벌어들이는 회사의 수장을 바닥에 쪼그려 앉게 내버려두고, 사장 본인 또한 그 상황이 아무렇지도 않은 그 모습이 나에게는 낯설다 못해 신기하게 느껴졌다. 그러나 회의실에서는 회의를 하고 있는 일개 직원이 가장 중요한 사람이고 '그냥' 회의를 보러 온 회사의 대표는 가장 중요도가 낮은 참석자이니 합리성을 최고의 선(善)으로 생각하는 미국, 특히 할리우드의 직장 문화에서는 그저 일상적인 일일 뿐이었다.

꼭대기에서부터 맨 밑까지 회사의 모든 구성원들이 절대적으로 공유하고 있는 정신은 단 하나였다. 여기는 전쟁터 같은 할리우드이고, 우리의 결과물은 할리우드에서 최고여야 한다는 것이다. 영화의 시각적 특수효과는 상상의 세계를 시각화하면서 답을 찾아가는 과정이다. 그러다 보니 극장 개봉 일에 맞춰 작업을 끝내는 것이 매번 진통의 연속이다. 조금만 더 시간이 있으면 훨씬 나은 결과를 만들 수 있을 것 같기 때문이다. 디지털 아티스트들은 데드라인이 다가올수록 하루 종일 회사에 붙어 있을 수밖에 없다. 조금이라도 더 완벽한 장면을 만들기 위해서다.

할리우드 대작이었던 〈수퍼맨 리턴즈〉의 작업을 할 때 바다에 떠 있는 소형 호화 요트가 폭풍우를 만나는 장면을 CG로 만든 적이 있었다. 요트의 뒤쪽 갑판에 수영장이 있었는데 폭풍우에 수영장 물이 출렁이는 것은 당연하지 않은가. 그러나 극장 전체 화면을 놓고 보면 이 손바닥만 한 수영장을 집중해서 볼 관객이 몇이나 있겠는가. 그것도 눈 한 번 깜빡하면 아예 못 보고 지나칠 수도 있다. 그럼에도 불구하고 우리는 그 몇 초짜리 장면을 위해 수영장 물이 출렁이는 것을 표현하려고 값비싼 3D 시뮬레이션을 하기로 결정했다. 적당히 파란 물의 색감만 잡고 넘어가도 되는 일을 굳이 물이 출렁이는 모습을 실제처럼 만들어보겠다고 마음에 들 때까지 시뮬레이션을 반복했다. 수천만의 관객 중에 단 한 사람이라도 그 수영장을 눈여겨볼 그 누군가를 위한 노력이었다. 그리고 설령 아무도 보지 못하고 넘어간다고 하더라도 완성도에 대한 자기만족을 위해 끝까지 최대한 완벽하게 만들어보겠다는 의지의 표현이기도 했다.

CG의 결과물에 대한 할리우드의 애착은 상상을 초월한다. '아직 개봉되지 않은 영화의 한 장면이라고 해도 그림 한 장 정돈

데 누가 미리 보든 무슨 상관인가.' 혹은 '이미 개봉된 영화의 이미지인데 좀 가져다 쓰면 어떤가.'라고 생각할 수도 있겠지만 이미 알려질 만큼 다 알려진 그림 한 장이라도 제작사나 저작권 소유기관의 허락을 받지 않고 유통하거나 사용하는 것은 범죄행위에 해당한다.

어느 날 회사에 출근해보니 평소와 달리 어수선한 분위기 속에서 직원들이 삼삼오오 모여 걱정 어린 표정으로 웅성거리고 있었다. 무슨 일이냐고 물으니 FBI가 회사에 와서 직원들을 조사하고 하드 디스크들을 압수해갔다고 했다. 알고 보니 며칠 전 영화작업을 하던 아티스트들 중 한 명이 자신이 그린 그림이 너무나 마음에 든 나머지 인터넷에 올렸는데 아직 개봉되지 않은 영화의 한 장면이었던 탓에 지적재산권 침해라는 이유로 조사가 시작되었고, FBI가 해당 그림의 인터넷 유출경로를 추적한 끝에 그 아티스트의 하드 디스크를 찾아냈던 것이다. 회사와 당사자가 얼마만큼의 손해배상을 해야 했는지는 알려지지 않았지만 그는 즉시 회사를 떠날 수밖에 없었다. 대통령이 방문을 하더라도 그림을 함부로 외부로 내보내지 않겠다는 서류에 사인을 해야 회사 안에 발을 들여놓을 수 있는 곳이 바로 할리우드다. 그렇지만 지적재산권에 대해서는 이렇게 까다롭게 굴면서 기술의 공유에 대해서는 관대한 것이 또한 할리우드이기도 하다. 다른 산업 분야에서는 신기술을 개발하면 특허를 등록하고 기술이 유출되지 않도록 백방으로 보안

틀을 깨려는 용기가 필요해

에 신경을 쓰는 것이 상식이겠지만 할리우드는 달랐다.

디지털 도메인(Digital Domain)은 한때 가장 훌륭한 유체 시뮬레이션 기술을 가진 회사로 유명했다. 유체 시뮬레이션이 필요한 대작 영화의 장면들은 대부분 이 회사에서 도맡다시피 했다. 하지만이 기술이 다른 회사로 이전되는 것은 시간 문제였다. 개발자나 아티스트가 이직을 하면 작업방식이나 기술에 대한 정보가 이동을하는 것과 마찬가지이고, 새로 이직한 회사의 개발자들이 이를 바탕으로 유사한 방식의 기술을 개발해버리면 그만인 것이다. 영화프로젝트에 따라 많게는 수백 명의 인력이 이 회사에서 저 회사로자유롭게 이동하는 할리우드의 구조에서는 어찌 보면 일상적으로일어나는 당연한 현상이다. 그러니 얽히고설킨 기술력의 원조를따지고 누가 모방인지를 따지는 것이 무의미하고, 거기에 시간과노력을 들여봐야 득보다는 실이 많기에 할리우드에서는 신기술을개발해도 특허 신청에는 그다지 관심이 없다. 또한 이것은 최신 기술을 공유해서라도 관객을 실망시키지 않을 최고의 그림들을 만들어내야 한다는 실리주의의 발현일 수도 있다.

할리우드는 최고 품질의 그림과 영상들을 만들어내는 것이지상 과제이다. 자신이 만들어낸 결과의 품질에 스스로 만족하지못한다면 그것은 치욕이다. 그래서 누가 시켜서가 아니라 자진해서 끝까지 일을 물고 늘어질 수밖에 없다. 할리우드가 왜 백 년 동안 세계 영화계를 지배하며 굳건하고도 독보적인 아성을 쌓아왔

2장 수퍼맨과 가필드

는지 이해할 수 있는 대목이다. 그리고 회사도 이런 개인의 노력을 당연시하지 않는다. 정해진 주당 40시간 외의 작업에 대해서는 오버타임 급여를 지불한다. 60시간까지 일하면 원래 연봉의 1.5배가 되고, 60시간이 넘으면 2배가 나온다. 주말의 오버타임 급여는 더 세다. 그래서 할리우드에서 일하는 사람들의 연봉이 다른 직군의 같은 연배에 비해 훨씬 높다. 리듬 앤 휴즈 스튜디오의 경우 디지털 아티스트들에게는 1년 중 9주간의 휴가가 주어지고 4년을 일하면 안식년과도 같은 3개월의 유급휴가가 주어진다. 회사에서 제공하는 여러 복지 혜택 중에는 심지어 성형수술 비용 보조도 있었다. 최고의 인재들을 데려다가 최고의 결과물을 추구하도록 만들고 그에 상응하는 대가를 받고 있다는 자신감을 심어주어 스스로 강력한 동기를 부여하게 하는 힘, 그것이 할리우드다. 할리우드에서의 이러한 경험은 이후 인재들을 대하는 방식에 대한 나의 철학을 형성하는 근간이 되었다. 아울러, 형식에 얽매이지 않는 자유로운 복장, 상하 관계라도 권위를 내세우지 않는 인간관계의 중요성 등도 한국에 돌아온 지금까지 내가 추구해야 할 가치로 마음 깊숙이 남아 있다.

예술 뒤에 숨은 수학

　　할리우드에서 일하던 CG 전문가라는 수식어는 간혹 사람들에게 오해를 사기도 했다. 나를 찾아와 홍보영화를 만들어달라는 사람도 있었고, 회사의 로고 작업을 의뢰하는 사람도 있었으며, 개인 홈페이지 제작을 부탁하는 사람도 있었다. 한편으로는 이해가 가지 않는 것도 아니었다. 컴퓨터 그래픽을 전공하고 할리우드에서 영화 일을 했다고 하니 그 얼마나 디자인 감각이 출중한 사람이 겠는가 말이다. 그러나 내가 다루는 영역은 예술보다 수학적 개념과 수식이 난무하는 곳이다.

　　컴퓨터 그래픽은 예술과 과학의 융합의 산물이다. 우리가 눈으로 감상하는 영화의 현란한 영상을 만들어내기 위해서는 우선 디지털 아티스트들이 필요하다. 디자인 계열 학과를 전공하고 어도비(Adobe)의 포토샵이나 오토데스크(Autodesk)의 3D 소프트웨어인 마야 등을 사용해서 디지털 아트 작업을 하는 사람들이다. 그렇다면 이들이 사용하는 포토샵이나 마야는 누가 만들어낼까? 컴퓨터그래픽스의 이론에 대해 잘 알고 있고 프로그래밍에 능통하며 갖가지 신기술을 연구 개발해낼 수 있는 소프트웨어 엔지니어들이다. 이것이 바로 할리우드에서 일하는 그래픽스 사이언티스트(Graphics Scientist)의 역할이다.

할리우드의 디지털 특수효과 회사들은 상용 소프트웨어도 사용하지만 CG 작업에 필요한 소프트웨어들을 내부적으로 직접 개발해서 쓰기도 한다. 소프트웨어 제작사가 문을 닫는다고 해도 영향을 받지 않고 특수효과 작업을 할 수 있어야 하고, 만약 오류가 발생한다고 해도 고쳐줄 때까지 손을 놓고 기다리고 있어야만 하는 상황을 미연에 방지하기 위해서다. 그리고 아티스트가 전혀 새로운 기능의 소프트웨어를 요구할 때에도 즉각적으로 대처할 수 있으므로 고가 소프트웨어를 구입하는 것보다는 연구 개발자를 직접 고용하는 것이 비용 절감 차원에서도 훨씬 유리하다.

프로그래밍에 능한 연구 개발자들은 소프트웨어를 지속적으로 자동화하고 고성능화시킨다. 예를 들어 어떤 장면에서 사람만 따로 떼어내어 다른 배경에 옮겨놓고 싶을 때 아티스트들은 수작업으로 인물의 경계선을 따라 일일이 선을 그어야 한다. 그런데 마우스 클릭 한 번으로 컴퓨터가 배경과 전경 색깔을 분석해서 자동으로 인물을 분리해준다면 작업 속도는 훨씬 빨라질 것이다. 여기에 사용되는 것이 수학적인 연산이다.

고등학교 때 배운 수학을 기억하는가. y에 대한 2차 함수를 미분해서 만들어지는 1차 함수를 0으로 놓으면 2차 함수 y를 최소화시키는 x를 구할 수 있다. 컴퓨터가 전경 이미지를 배경으로 착각할 때 생기는 에러와 반대로 배경 이미지를 전경으로 착각할 때 생기는 에러를 2차 함수로 표현한 후 그 에러를 최소화시켜줄 전경 이미지를 x로 놓고 그 x를 미분하면 자동으로 답이 나온다. 이런 식으로 컴퓨터그래픽스에 관련된 문제들을 2차 함수로 만들고 그 에러를 최소화시켜주는 x값들을 미분한 후 다시 그림으로 표현해주는 것이 최적화 수식에 기초한 그래픽스 문제 풀이 방식이다.

사실적인 표정 연기로 찬사를 받았던 〈반지의 제왕〉에 나오는 골룸의 얼굴 애니메이션도 어떤 의미에서 수학의 결정체라고 볼 수 있다. 예전에는 가상의 캐릭터로 사실적인 애니메이션을 만들기 위해서는 키프레이밍(Key Framing) 방식을 써야만 했다. 키프레이밍 방식이란 필요한 얼굴 표정들을 수작업으로 만들고, 시간 축에 간격을 두고 이것들을 키프레임으로 지정하는 것이다. 그러면 두 키프레임 사이의 표정들이 보간법(Interpolation)을 통해 적절히 섞여 만들어진다. 예를 들어 웃는 표정에서 슬픈 표정으로 변하는 것을 만들려면 수작업으로 웃는 표정과 슬픈 표정을 각각 만들고 비율을 순차적으로 바꾸면서 두 개의 표정을 섞어주는 것이다. 이

키프레이밍 방식은 매우 노동집약적인 작업이어서 디즈니 애니메이터들의 말에 의하면 사실적인 움직임을 만들기 위해 세 개에서 다섯 개의 프레임마다 키프레임을 넣는다고 했다. 스물네 개의 프레임이 1초 분량인 것을 감안한다면 수없이 많은 등장인물이 나오는 두 시간 길이의 영화를 만들기 위해 얼마나 많은 애니메이터의 시간과 노력이 요구될지는 상상조차 할 수 없을 정도이다. 이 문제를 해결하기 위해 개발된 것이 바로 모션 캡처였다.

모션 캡처는 연기자의 얼굴과 몸에 마커를 부착한 뒤 대본에 따라 연기를 시키고 그 움직임을 특수 적외선 카메라로 추적한다. 그리고 마커의 3차원 위치를 가상의 캐릭터 모델에 적용하면 애니메이션이 자동으로 만들어진다. 원리는 단순하지만 실제로 현실에 적용시키기는 쉽지 않다. 골룸을 연기하는 모션 캡처 연기자와 골룸의 얼굴 모양새가 같지 않기 때문이다. 그리고 영화 캐릭터가 혹성 탈출의 원숭이처럼 동물일 때에는 인간의 표정과는 또 다른 표정이 필요할 수도 있다. 이 난관을 해결하는 데 사용된 것은 놀랍게도 고등학교 수학 교과서의 맨 마지막을 장식하곤 했던 확률 통계 단원에 나오는 조건부 확률이다. 먼저 이전 프레임에서 골룸의 살짝 웃는 표정을 조건으로 준다. 그리고 이번 프레임의 모션 캡처 데이터의 3차원 좌표와 아티스트가 원하는 범주 안에서의 변화라는 조건을 최대한 만족시킬 수 있는 골룸의 표정은 무엇일까를 수식화해서 계산하면 자동으로 답이 나오는 방식이다.

틀을 깨려는 용기가 필요해

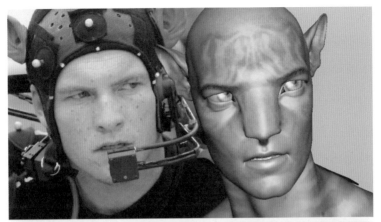

　　중고등학교 시절, 사인, 코사인, 함수의 최솟값과 최댓값, 미
분, 적분, 확률, 통계 등이 도대체 내 인생에 무슨 득이 된다고 이렇
게 머리에 쥐가 나게 공부를 해야 하나 이를 갈아보지 않은 학생이

몇 명이나 될까. 다른 과목들은 그나마 상식과 교양이라는 이름으로 공부하고, 언어는 외국에 나갔을 때 써먹을 데라도 있지 수학은 정말 아무 짝에도 쓸모가 없지 않은가. 그러나 컴퓨터그래픽스 분야에서 일을 하다보면 그 기본적인 수학적 개념들이 실로 엄청나게 값진 보물들이라는 것을 새삼 깨닫게 된다. 나의 경우에는 대학에 들어간 뒤 공대에서 필요한 수학을 또 배웠는데 공대수학이란 선형 대수, 벡터 연산, 이산 수학, 확률 통계, 수치 해석, 공업 수학, 기계 학습 등, 고등학교 수학의 개념 위에 좀 더 발전한 다차원의 고급수학을 다루는 것이다. 그때도 내 전공과 무슨 관련이 있다고 대학까지 와서 수학을 배우나, 신세 한탄을 하는 경우들을 주변에서 쉽게 볼 수 있었다. 하지만, 그렇게 배운 것들이 할리우드의 영화 제작현장에서 실제로 업무의 핵심적인 열쇠처럼 쓰이고 있었다. 능력 있는 할리우드 개발자들은 마치 시험에 나온 응용문제를 풀 듯 수학적 지식을 총동원하여 주어진 CG 문제를 효율적으로 수식으로 표현해내고 그 답을 구할 줄 아는 사람들이다. 수학 때문에 괴로워하는 학생들에게 이 얘기를 해주면 다들 신기하고 놀라워한다. 이만하면 수학을 공부할 이유가 충분하지 않은가.

틀을 깨려는 용기가 필요해

할리우드가 원하는
융합형 인재

　노련한 수학 실력 말고도 유능한 개발자가 갖추어야 할 능력이 한 가지 더 있다. 바로 언어구사 능력이다. 외국어를 잘해야 다른 나라 사람들과 원활하게 소통을 할 수 있는 것처럼 개발자의 소통 대상은 바로 컴퓨터이다. 컴퓨터와 효율적으로 소통하기 위해서는 컴퓨터가 사용하는 언어를 잘 구사해야 한다. 그래야 직접 펜을 들고 몇 달이 걸릴지 몇 년이 걸릴지 모를 수식을 푸느라 골치를 앓는 대신 컴퓨터에게 풀어오라고 시킬 수 있는 것이다. 애니메이션에서 자동화 프로그래밍이란 내가 만든 수식의 절차를 조리있게 정리해서 컴퓨터가 실수 없이 계산해내도록 명령을 내리는 것이다.

　나는 프로그래밍 언어를 배우는 전산학과가 왜 공대에 속해 있어야 하는지 이해할 수가 없다. 프로그래밍 능력은 언어구사 능력이라는 측면에서 인문학에서 다루는 것이 더 적절하다는 것이 나의 생각이다. 내가 졸업한 USC에서도 전산학은 인문학부 소속이다. 문화기술대학원인 우리 학과에는 인문학부 출신 학생들이 종종 입학을 한다. 그런데 자신이 문과 출신이라는 이유로 프로그래밍을 두려워하고 복잡한 영역이라고 미리 겁부터 집어먹는 모습을 많이 보아왔다. 그러나 컴퓨터 프로그래밍도 일종의 언어이다. 그러니 다른 언어들과 마찬가지로 그 언어가 가지는 고유의 문법을 배우고 그 문법에 맞는 작문을 해나가면 되는 것이다. 논리적이고 깔끔하게 글을 쓸 줄 아는 사람이라면 논리적이고 간결한 프로그래밍을 할 수 있다. 반면 프로그래밍 실력이 엉망인 사람은 십중팔구 문법에 맞지 않는 표현을 하거나, 맞춤법이 틀리거나, 중언부언하거나, 명확한 초점 없이 엉뚱한 얘기들만 늘어놓으면서 글쓰기도 엉망인 경우가 많다. 스탠포드 대학의 입학 원서에는 사용할 줄 아는 언어의 수와 종류를 표시하도록 되어 있는데 여기에는 컴퓨터 언어도 포함되어 있다. 프로그래밍에 대해 이렇게 생각하는 사람이 나만은 아니라는 방증이다.

컴퓨터그래픽스가 과학과 예술의 융합이라고 하지만 진정한 융합은 서로가 녹아들어 하나로 합쳐지는 것을 의미한다. 폭풍우가 치는 바다를 시뮬레이션 하는 작업에서 디지털 아티스트들은 시나리오에 따라 장면 셋업을 한다. 여기에서 중력의 방향은 이쪽이고 배는 저쪽 방향으로 움직이며 폭풍에 의한 외력은 어떻게 작용하는지 모두 지정을 하고, 시뮬레이션 계산에 필요한 타임 스텝은 어느 정도가 적당한지도 미리 결정해준다. 경우에 따라서는 물의 표면 장력까지 정해주어야 한다. 결국 아티스트라고 하더라도 유체 시뮬레이션의 기반이 되는 나비에스토크 방정식을 이해하지 않고서는 효율적인 시뮬레이션을 할 수 없다는 얘기이다.

반대의 경우도 마찬가지이다. 개발자라고 해서 아트 작업과 담을 쌓고 지내서는 안 된다. 자신이 개발한 소프트웨어가 유능한 아티스트에게 간택을 받기 위해서는 멋진 데모부터 만들어야 한다. 보통 경력 있는 디지털 아티스트들은 그동안 구축해온 자신만의 작업 방식이 있기 때문에 골치 아프게 새로운 기술을 배우고 싶어 하지 않는다. 그런 그들을 움직이는 방법은 눈이 튀어나올 만큼 훌륭한 데모를 보여주는 것뿐이다. '와, 신기하다. 이렇게 멋진 장면을 어떻게 만들어냈지', '이런 걸 어떻게 이렇게 빨리 만들어낼 수 있었지?' 같은 반응들이 나오면 자연스럽게 새로운 기술의 사용법에 달려들게 되어 있다. 구슬도 꿰어야 보물이라는 말처럼 아무리 깜짝 놀랄 만한 기술이라도 아티스트들이 써주지 않으면 무용지물이다. 무능력한 개발자로 전락하지 않으려면 어느 정도의 아트 감각을 갖추고 있어야 하는 이유이다.

드림웍스(Dreamworks)의 이펙츠 아티스트(Effects Artist)들은 유체와 관련된 장면을 제작하다가 소프트웨어가 불편하다 싶으면 직접 새로운 툴을 개발하여 남은 작업을 진행한다. 모델의 움직임을 위한 뼈대를 심어주는 리듬 앤 휴즈에서 일하는 리거(Rigger, 뼈대나 근육 또는 피부 변형 방식 등을 지정해주는 사람)들도 작업을 하다가 더 좋은 방식이 생각나면 스스로 기술 개발을 해서 작업의 효율을 높인다. 아트 작업과 기술 개발의 경계가 따로 없다는 의미이다. 할리우드에서 승승장구하는 사람들을 보면 아트 작업과 기술 개발의 양쪽 분야를 충분히 이해하고 어느 정도 수준의 작업은 혼자 노련하게 진행할 수 있는 사람들이다.

인문계, 자연계, 예체능계의 구분을 확실하게 나누는 우리나라의 교육 시스템으로 보면 얼핏 이해가 잘되지 않을 수도 있다. 어떻게 예능을 전공한 사람이 기술 개발을 하고, 수학을 전공한 사람이 아트를 한단 말인가? 심리학을 전공한 한 친구가 수학 실력과 프로그래밍에 아트 작업까지 무엇 하나 빠지는 것이 없기에 어떻게 그게 가능하냐고 물어본 적이 있었다. 그랬더니 그 친구는 도리어 그게 왜 불가능하냐고 반문을 해왔다. 사실 인문계, 자연계, 예체능계를 나누는 것은 교육의 편의를 위해 일본이나 우리나라에서 인위적으로 만든 잣대일 뿐, 실제 인간의 능력은 그렇게 자로 재듯 영역을 나눌 수 있는 것이 아니다. 심리학에 관심이 있다고 해서 수학을 못하라는 법이 없고, 과학에 재능이 있다고 해서 그림을 잘 그리지 못하라는 법은 없다. 디자인 감각과 프로그래밍 실력, 수학의 기본개념에 대한 이해를 고루 갖춘 사람이 있다면 그가 바로 할리우드가 필요로 하는 융합형 인재이다. '열 가지 재주를 가진 놈이 밥을 굶는다'라는 말은 이제는 적절하지 않는 듯하다. 미래가 요구하는 스페셜리스트는 어느 한 우물에 스스로를 가두지 않고 다양한 영역을 넘나들 줄 아는 열린 머리와 가슴을 가진 사람이다.

〈아바타〉와 〈7광구〉

처음 한국에 왔을 때 언론이나 정부 부처, 기업체, 어디를 가든 공통적으로 받았던 질문이 할리우드만이 가진 핵심 기술이 무엇이냐는 것이었다. 언론사의 입장에서는 핵심 기술만 딱 꼬집어서 일반 대중이 쉽게 이해할 수 있는 기사를 쓰고 싶었을 것이고, 정부 부처나 기업체들의 입장에서는 일단 그런 핵심 기술의 개발에 집중적으로 투자를 하면 할리우드를 따라잡을 수 있을지도 모른다는 기대가 있었을 것이다. 그러나 내가 해줄 수 있는 대답은 그들의 기대를 완전히 저버린 것이었다.

핵심 기술이란 것은 존재하지 않는다. 관객의 눈을 사로잡는 멋진 CG를 제작하기 위해 사용되는 여러 기술들이 각자의 영역에서 모두 중요하기 때문이다. 빵빵 터지는 블록버스터 영화를 만들

틀을 깨려는 용기가 필요해

기 위해서는 유체 시뮬레이션 기술을 개발해야 하고, 가상의 인물이나 의인화한 동물을 만들려면 캐릭터 애니메이션 관련 기술을 개발해야 한다. 옷, 머리카락, 털 등을 사실적으로 표현하기 위해서는 다이내믹스 시뮬레이션 기술이 필요하고, 실사와 가상 세계의 색감을 맞추기 위해서는 결과 그림을 그려내는 렌더링 기술도 연구해야 한다. 그 외에도 할리우드의 기술력을 따라가기 위해서는 개발해야 할 기술이 끝도 없다.

그런데 이렇듯 많은 기술적인 요소들을 유기적으로 엮어주어 생산성을 극대화시켜주는 할리우드만의 핵심적인 체계는 존재한다. 일의 전달과 확인, 데이터의 흐름을 원활하게 해주고 작업자들을 서로 유기적으로 연결해주는 파이프라인 개념이 그것이다. 자동차 조립 공정을 상상하면 파이프라인의 중요성을 쉽게 알 수 있다. 끝없이 돌아가는 컨베이어 벨트 위에 놓인 자동차 몸체에 엔진이 설치되고 문이 달리는 등 일련의 과정을 거쳐 자동차가 완성될 때까지 불필요한 순서는 끼어들 틈이 없다. CG 분야도 마찬가지이다. 직접 촬영한 실사 화면 위에 3D 모델을 얹고 애니메이션을 붙이고 사실적인 색감을 입히는 과정이 모두 파이프라인으로 이루어져 있다. 자동차 조립과 마찬가지로 전체적인 작업 공정이 최적화 되어 있지 않은 상황이라면, 한두 가지 요소의 중요한 기술이라고 하여도 전체의 생산성에 도움이 될 리가 없다.

모델러가 가상 물체의 모델링을 끝내고 회사 내부 파이프라인에 데이터를 올리면 그 모델에 뼈대를 만들어주는 역할을 하는 리거들에게 자동으로 연락이 간다. 리거는 이 모델을 가지고 작업을 시작한다. 반나절 후, 모델러가 같은 모델을 업데이트해서 다시 올렸다고 통지가 온다. 리거가 새로운 모델로 재작업을 하기 시작하면 이전 모델에 뼈대를 만들던 작업 위에 새로 업데이트된 모델이 자동으로 합쳐진다. 다음 단계인 애니메이션도 모델링과 리깅의 업데이트가 자동으로 이루어진다. 이렇게 새로운 데이터 전송이 연쇄적으로 일어나기 때문에 중간 과정에서 어떤 부분이 바뀌었다고 해서 후반 작업자들이 일을 처음부터 다시 해야 하는 경우는 없다. 각자 자신이 맡은 부분만 하면 된다. 할리우드의 회사들은 한 치의 오차도 없는 CG 파이프라인을 갖추고 있다. 작업자들이 얼마나 손발이 척척 들어맞느냐가 생산성으로 직결되고, 비용 절감의 효과와 영상의 품질을 좌우하며, 납기일을 지킬 수 있느냐 없느냐를 결정하기 때문이다.

이런 체계화된 일처리 시스템은 CG에만 국한된 것이 아니다. 크든 작든 대부분의 의사결정 과정이 파이프라인과 맞물려 있어서 문제가 생기면 어느 지점에서 병목현상이 일어나는지, 어느 부분이 가장 생산성이 좋은지 한눈에 파악할 수 있다. 처음 한국에 와서 접촉했던 대부분의 CG 회사들은 이런 파이프라인 시스템을 갖추고 있지 않았다. 그래서 데이터를 전달한 사람은 있는데 받은 사람이 없다거나, 공동 작업을 위해 공유해야 하는 데이터의 저장

틀을 깨려는 용기가 필요해

위치가 프로젝트마다 달라서 매번 어렵게 찾으러 다녀야 한다거나, 앞사람이 작업한 내용을 업데이트하면 뒷사람이 작업하던 일이 헛수고가 되어버리는 경우도 허다했다. 작업 시스템이 허술하다 보니 결국 스케줄에 맞추기도 힘들고 결과물의 품질도 일관성을 담보하기가 쉽지 않았다.

배우 하지원, 오지호 등이 주연을 맡은 〈7광구〉는 한국 영화 사상 최초의 3D 입체 대작 영화로 화제를 모았었다. 그러나 입체 영화임에도 불구하고 입체 촬영 방식이 아니라 한 대의 카메라로 일반 영화처럼 촬영을 했기 때문에 두 대의 입체용 카메라로 촬영을 한 것처럼 변환을 해야만 했다. 왼쪽 눈으로 보는 영상만 촬영된 상태라 오른쪽 눈으로 보는 부분은 임의로 만들어내야 했던 것이다. 〈7광구〉의 작업 의뢰가 들어온 것은 영화가 개봉되기 불과 삼사 개월 전쯤이었다. 배우 하지원이 괴물과 싸우는 영화의 하이라이트 십여 분을 입체로 변환해달라는 주문이었다. 최고의 CG를 만들어내기 위해서는 그만큼 충분한 시간을 투자해야 하는 것인데 작업 시간이 무척이나 촉박했다. 그렇다고 우리 내부적으로도 할리우드에서처럼 잘 짜여진 파이프라인 시스템이 갖추어져 있는 것도 아니었다. 그만큼, 이렇게 촉박한 작업이 주어지면 부담스러울 수밖에 없고 결과물의 품질을 보장하는 것도 쉽지 않다. 해결책은 작업자들이 밤낮 없이 많은 시간을 투자해서 납기일과 싸우며 일하는 것 외에는 없었다. 우리의 경쟁력이란 것이 열심히 일하는

영화 〈7광구〉 김지훈 감독, (주)JK 필름

116

틀을 깨려는 용기가 필요해

작업자의 노력과 열정이라니 참으로 안타까운 상황이었다. 그나마 그동안 우리가 국책과제로 개발한 입체 변환 소프트웨어가 완성되어 사용할 수 있게 된 것이 천만다행이었다. 이 소프트웨어는 작업자가 흔히 택하는 입체 변환 공정을 분석하여 각 단계마다 필요한 자동화 방식을 구현하였다. 이 기술이 개발되기 전까지는 당시 국내에서 선두를 달리던 기업에서도 수백 수천 명에 달하는 단순 작업을 하는 인원을 고용해서 이미지 하나하나에 입체감을 생성하기 위한 깊이 값을 정해주는 수작업 방식으로 입체 변환을 해오고 있었다. 그래도 때마침 개발된 신기술 덕분에 부족한 시간에도 열 명이 채 안 되는 적은 인력으로 무사히 작업을 마칠 수는 있었던 것이 참으로 다행이었다.

나를 포함하여 할리우드 경험을 가진 여러 전문가들이 한국에 올 때마다 잘 갖추어진 파이프라인의 중요성을 CG 회사들에게 강조하였고, 이러한 노력 덕분에 한국의 CG 전문 회사들도 지난 10여 년간 어느 정도의 경쟁력 있는 파이프라인을 갖추기에 이르렀다. 이제는 한국의 CG회사들이 만들어내는 결과물의 완성도는 어디다 내놓아도 손색이 없을 정도이다. 한계가 많은 한국 영화시장 안에서 짧은 시간에 이만큼의 실력을 갖추며 성장했다는 점에서 아낌없는 박수를 보낸다.

가끔 한국과 미국의 CG 기술력의 차이가 어느 정도 되느냐는 질문을 받을 때가 있다. 정부에서 지원도 해주고 상황에 따라 대규모 투자도 하는데 왜 한국에서는 〈아바타〉와 같은 영화가 나오지 않느냐는 의문이 그 밑에 깔려 있는 듯하다. 어떤 보고서를 보면 한국의 기술력이 선진국과 비교해서 70~80% 수준에 이르렀고 향후 5년간 R&D에 집중적으로 투자를 하면 그 차이를 훨씬 좁힐 수 있을 거라는 예상들이 나와 있다. 하지만 나는 이러한 보고서들이 큰 의미가 없다고 생각한다. 사실 이러한 보고서들은 연구비 책정을 정당화하기 위한, 근거도 확실하지 않은 그야말로 보고서들일 뿐인 경우가 많다. 몇 년간 수십억 원을 털어 몇몇 기술 분야에 투자한다고 해서 진짜로 할리우드를 따라잡을 수 있다고 믿는가.

한국 영화시장에서는 아무리 대작 영화라 하더라도 제작비가 보통 백억에서 2백억 원 사이지만 〈아바타〉의 제작비는 3천억 원이 넘는다. 제작비의 단위 자체가 다르다. 제아무리 제임스 카메론이나 스티븐 스필버그 감독이라도 백억, 혹은 2백억 원을 가지고 〈아바타〉와 같은 영화를 만들 수는 없다. 〈7광구〉의 입장에서 〈아바타〉는 그야말로 '넘사벽'이다. 차라리 적은 예산을 쪼개고 또 쪼개어 CG를 활용한 한국형 블록버스터 영화를 제작해낸 저력은 할리우드에서 찾아보기 힘든, 할리우드를 뛰어넘은 실력이라고 봐도 좋을 것이다.

R&D에 투자를 하더라도 지금 반짝 인기가 있어 보이는 핵심 기술 한두 개를 찾아 무턱대고 할리우드 따라잡기를 내세울 것이 아니라 한국의 실정에서 경쟁력이 있는 분야를 새로 발굴하고

찾아내어 남들이 아직 시도하지 않은 연구와 기술 개발에 지속적으로 집중하는 것이 옳다. 선진국에서 성공 사례가 없고 검증되지 않아 보이는 새로운 시도에 대한 연구 개발이 도리어 장려되어야 한다. 한 가지 재미있는 사실은, 기술은 맹목적으로 선진국의 성공 사례를 따라가려고 엄청난 애를 쓰면서, 콘텐츠는 검증되지 않은 한국의 소재를 가지고 해외로 진출하려고 노력하는 경우들이 있다는 것이다. 글로벌한 시대에 시장은 궁극적으로 전 세계이다. 소비자가 세계 각지의 사람들이라면 소비자에게 익숙하고 소비자가 좋아할 상품을 만드는 것이 생산자가 취해야 할 당연한 전략이다. 그런데 전 세계의 소비자에게 아직 익숙하지 않은 한국적 소재로 콘텐츠 상품을 만든 후 세계 시장에서 잘 팔리기를 기대하는 것은 초등학교 앞에 커피를 파는 카페를 차려놓고 장사가 되기를 바라는 것만큼이나 생뚱맞은 일이다. 할리우드의 작품들에 사용되는 소재를 보면 유럽의 동화든 중국의 고전이든 가리지 않는다. 세계인이 보기에 재밌을 것 같은지가 판단의 기준일 뿐이다.

할리우드를 따라잡고 싶다면, 당장에 더 많은 예산이 투입될 것 같더라도 최적으로 돌아가는 파이프라인 시스템을 구축하여 콘텐츠 제작에 도입해야 하고, 넓은 시장에서의 소비자에게 친숙하게 다가갈 수 있는 소재 발굴에 우선 힘써야 한다. 바로 그 콘텐츠 제작에 필요한 새로운 기술이 가장 중요한 핵심 기술이 될 것이다.

〈고양이 길들이기〉와 〈캡틴 바나나〉

'탁상공론'이라 함은 현실을 전혀 모르는 사람들이 머릿속의 상상만으로 백날 떠들어봐야 실제 일에는 아무런 도움도 되지 못함을 일컫는 말이다. 한국에 처음 왔을 때 콘텐츠 제작의 실상을 접하면서 가장 먼저 떠오른 말이 바로 이것이었다. 콘텐츠 산업의 발전을 위한다는 명목으로 공적 자금을 투입하여 기술들을 수도 없이 개발해놓고 콘텐츠 제작자들에게 가져다 쓰라고 하는데, 이런 방식이 현실적으로 도움이 될 리가 없다. 지금 당장 폭발 장면이 핵심인 영화를 만들고 있는데 캐릭터의 자연스러운 움직임을 구현하는 기술이 무슨 소용이며, 디지털 아티스트의 창의성이 핵심인 작업에 무조건 자동화된 결과물을 만들어주는 기술을 가져다 쓰면 일을 더 복잡하고 어렵게 만들 뿐이다. 이런 괴리가 발생

틀을 깨려는 용기가 필요해

하는 이유는 콘텐츠 제작 현장과 기술 개발 연구소가 따로 놀면서 서로 무엇이 필요한지 전혀 소통을 하지 못하기 때문이다.

할리우드의 콘텐츠 제작 현장은 이와는 사뭇 다르다. 기술 개발은 언제나 콘텐츠 제작과 함께한다. 지금 제작하고 있는 영화에 나오는 이런저런 장면을 어떻게 하면 좀 더 효과적으로 표현할 수 있을까, 혹은 아티스트의 예술적 영감이 적절하게 표현될 수 있도록 어떤 기술을 제공해야 할까 등을 고민한 연구 개발자들은 문제에 대한 맞춤 해결책을 제시하기 위해 노력한다. 아티스트의 입장에서는 당장 필요한 기술이 개발되니 좋고, 개발자의 입장에서는 가장 급박하게 풀어야 할 문제가 현장으로부터 제시되니 좋다. 이렇게 개발된 기술들은 바로 콘텐츠 제작에 적용되고 현장의 피드백을 통해 지속적으로 정제되고 발전한다. 콘텐츠 제작과 기술 개발의 선순환 구조이다.

연구를 하는 데 있어 가장 어려운 부분은 개발 과정보다도 문제가 무엇인가를 찾는 것이다. '시작이 반'이라는 말처럼 문제만 제대로 파악이 되면 답을 찾아가는 것은 오히려 쉽다. 그러니 어떤 문제가 있는지 애써 고민하지 않아도 된다면 효율성으로 보나 효과로 보나 '반은 먹고 들어가는' 게임이다. 그래서 가끔은 아티스트와 기술 개발자의 구분이 모호해질 때가 있고, 콘텐츠 산업에 있어서는 어느 한쪽 분야에 치우친 전문가보다는 양쪽을 두루 아는 사람이 더 빠르게 성장할 수밖에 없다.

한국에 와서 카이스트 비주얼 미디어 연구실을 운영하며 할리우드에서 경험했던 패러다임을 그대로 적용해보기로 했다. 이 회사 저 회사를 기웃거리며 개발할 만한 기술이 무엇이 있나 찾아다니거나 논문만 읽으면서 상상에 의존한 억지 기술을 개발하려고 시간을 낭비하는 대신 우리가 직접 콘텐츠를 제작하기로 결정한 것이다. 이런 나의 제안에 카이스트의 학생들이 어리둥절해한 것은 당연했다. 수학 공부와 컴퓨터 프로그래밍에만 파묻혀 살던 자신들에게 직접 애니메이션을 만들어보라니, 그게 과연 가능한 일이기는 한 건지, 시간 낭비만 하다 끝나는 건 아닌지 잔뜩 의심을 품은 눈총들이 쏟아졌다. 그러나 이 프로젝트가 궁극적으로는 더욱 의미 있는 기술 개발로 이어질 것이며 콘텐츠와 기술의 융합형 인재로 성장할 수 있는 기회라는 것을 깨달은 이후로는 거의 모두가 적극적으로 콘텐츠 제작에 참여하게 되었다.

프로젝트의 첫 번째 단계는 팀을 꾸리는 것이었다. 우선 기술과의 접목에 관심이 있는 그래픽 아티스트들을 영입했다. 아직 디지털 아트 작업이 생소한 학생들에게 예술적인 관점에서 도움을 주고 개발된 기술들을 활용하며 작업 능률을 높여주는 역할이었다. 팀이 결성되고 나자 이들을 단기간 내에 세계적 수준으로 끌어올리기 위한 묘책이 필요했다. 내가 택한 방법은 아주 간단했다. 최고 수준의 잣대를 들이밀고 그에 어울리는 결과를 기대하는 것이었다. 이를 위해 틈만 나면 개인적인 인맥을 총동원해서 디즈니,

드림웍스, 리듬 앤 휴즈 스튜디오, 픽사 등에서 일하던 세계적인 아티스트들을 학교로 초청해 세미나를 열었다.

아티스트들이 한국에 오면 미니 워크숍을 통해 우리가 제작하고 있는 콘텐츠를 보여주고 가감 없는 비평을 경청하는 기회를 마련했다. CG 캐릭터의 걸음걸이가 왜 그 모양이냐, 빛의 반사가 전혀 고려되지 않은 것 같은 색감이다, 이런 걸 어디다 내놓으려고 그러느냐 등, 날선 비평들이 비수같이 날아와 꽂혔다. 처음에는 이런 방식이 한국에서 나름 대접받고 일하는 노련한 아티스트들과 지금껏 크고 작은 경쟁에서 패배란 것을 모르고 살아온 카이스트 학생들에게 고통일 수밖에 없었다. 감정적으로 비평을 받는 모두가 참담한 심정이었으나 할리우드의 눈높이를 그대로 보여주는 최고 고수들의 한 마디 한 마디는 돈을 주고도 살 수 없는 약이었다. 신기하게도 워크숍이 회를 거듭할수록 비평의 강도가 점차 낮아지더니 어느 순간부터인가 그들은 우리가 만들어낸 결과물을 놀라움의 시선으로 바라보기 시작했다. "진짜로 카이스트 연구실에서 이걸 만들었단 말인가요?", "대다수의 학생들이 참여한 거라고요? 완성도가 대단하네요.", "이 부분만 조금 손을 보면 더 좋을 것 같아요." 초반에 주눅 들고 상처 받았던 마음은 어느새 추억이 되고, 학생들 사이에 할리우드가 별거냐, 라는 자신감이 새록새록 자리를 잡아갔다.

콘텐츠와 이를 실현하기 위해 개발한 기술들을 가지고 논문을 만들기도 했지만 또다른 목표가 생겼다. 세계적인 애니메이션 페스티벌에 작품을 출품하는 것이었다. 이를 위해서는 사람들의 눈을 사로잡을 만한 스토리가 필요했다. 한국적인 소재로 세계 시장에 진출하면 개성으로 인정받지 않을까, 라는 의견도 있었지만 나의 생각은 달랐다. 우리가 두각을 나타내고 성공하면 그것이 자연스럽게 한국적인 것이 될 것이다. K-POP이나 비보이 공연이 한국의 전통은 아니지만 한국의 위상을 세계에 떨치고 있는 것처럼 말이다. 그렇게 해서 찾은 이야기의 소재가 〈고양이 길들이기(Taming the Cat)〉였다. 고양이의 습성을 관찰해서 고양이를 항복시키는 세 가지 방법을 줄거리로 잡아 짧은 애니메이션을 제작했다. 특히 컴퓨터그래픽스 분야로 유명한 미국 스탠포드 대학의 버니(Bunny) 모델을 호랑이가 가지고 노는 장면에는 그래픽스를 아는 사람이라면 누구나 '아하!'하며 무릎을 탁 칠 만한 반전이 있었다. 이렇게 만들어진 1분 25초 길이의 애니메이션이 2009년 ACM 시그그래프 컴퓨터 애니메이션 페스티벌의 상영작으로 선정되었다. 시그그래프 애니메이션 페스티벌은 전 세계의 내로라하는 아트 스쿨뿐 아니라 픽사나 드림웍스를 포함한 세계적인 영화 및 광고, 게임회사 들이 출품을 하는 곳이다. 그런데 그해에만 600편이 넘는 작품들이 각축전을 벌이는 가운데 상영작으로 선정이 되었다고 하니 국내외 관계자들 모두가 깜짝 놀랄 수밖에 없었다. 이후에도 2010년 멜버른 국제 애니메이션 페스티벌과 런던 국제 애니메

틀을 깨려는 용기가 필요해

이션 페스티벌 등 4개의 국제 필름 페스티벌에 상영작으로 초청되는 쾌거를 이루었다.

우리의 자신감은 극에 달했고, 그 여세를 몰아 2010년에 또 다른 작품인 〈캡틴 바나나〉를 시그그래프 아시아 컴퓨터 애니메이션 페스티벌에 출품하였다. 이전보다 긴 4분 18초 분량으로 바나나를 매개로 해서 젊은이들에게 계몽적인 메시지를 가볍고 재미있게 전달하는 애니메이션이었다. 이 작품 역시 다시 한 번 극한의 경쟁을 뚫고 당당히 상영작으로 선정이 되었다. 2년 연속 세계 최고의 애니메이션 페스티벌에서 작품이 선정된다는 것은 웬만한 아트 스쿨에서도 해내기 어려운 성과였다. 카이스트가 컴퓨터 그래픽스 기술뿐 아니라 콘텐츠 제작에서도 세계적 수준이라는 것을 입증한 것이다.

소식이 알려지자 많은 사람들이 우리의 작품을 보기 위해 직접 학교를 방문했다. 한 가지 아쉬웠던 부분은 세계적 페스티벌에서 상영했을 때에는 모든 관객들이 웃고 환호하고 박수를 치며 다 같이 즐거워했는데 우리나라의 나이 지긋한 관객들은 어흠, 하는 짧은 헛기침으로 관람평을 대신하고 말았다는 점이다. 소재와 내용이 보수적인 어르신들이 보기에는 다소 겸연쩍은 탓인 듯했다. 세계적인 정서와 한국적인 정서의 차이를 실감했던 순간이었다.

새로운 것을 시도한다는 것은 두려운 일이다. 가시밭길이 펼쳐질 것이 당연하기 때문이다. 그러나 목표가 명확하고 내가 그 길

을 가고자 하는 이유가 타당하다면 새로운 시도를 주저할 필요가 없다. 콘텐츠를 직접 제작하면서 그에 필요한 연구 개발을 하겠다는 나의 결정으로 인해 그렇지 않아도 바쁜 연구실에 일이 두 배로 많아지기는 했지만 누구 하나 불평하는 사람은 없었다. 스스로 콘텐츠를 잘 아는 기술 개발자, 기술 개발을 할 줄 아는 콘텐츠 제작자로 성장해가는 중이라는 것을 모두가 잘 알고 있기 때문이었다.

우리의 노력은 그 이후로도 계속 이어져서 영화의 각종 특수효과, 드라마, 뮤직 비디오 등의 다양한 상업용 콘텐츠 제작에 연

틀을 깨려는 용기가 필요해

구실 인원들이 직접 참여하게 되었다. 우리 연구실에 들어오고 싶다는 학생들에게 제일 먼저 하는 말이 다른 연구실보다 적어도 두 배는 살기 힘들어질 거라는 협박 아닌 협박인데도 지원자들은 점점 늘어만 가고 있다. 능력 있는 인재들이 이렇게 자진해서 함께 도전에 나서주니 나로서는 하루하루가 신이 나지 않을 수가 없다.

우리나라의 콘텐츠 제작 현실이 할리우드와 비교해서 턱없이 부족하다고 눈높이를 낮추는 쪽을 선택하거나 아예 시도조차 하려고 들지 않았다면 여기까지 올 수 없었을 것이다. 적당한 선에서 목표점을 타협하기보다는 그것이 아무리 언감생심 올려다보기도 힘든 나무라고 해도 세계적인 수준에 견주어 손색없는 목표를 잡고 그에 걸맞은 결과를 내기 위해 최선을 다하는 자세가 필요하다. 비록 원하는 목표를 이루지 못한다고 하더라도 마지막에 가서는 '적당히 타협한 목표'보다 훨씬 많은 것을 이루어낸 자신을 발견하게 될 것이다.

화려한 할리우드 스포트라이트 뒤의
치열한 생존 경쟁

아무도 상상하지 못한 일이 벌어지고 말았다. 2013년 봄이 시작될 무렵, 리듬 앤 휴즈 스튜디오가 파산을 하고 경매에 넘어갔다는 소식이 날아든 것이다. 그때 나는 이미 7년 전에 회사를 떠난 몸이기는 했지만 아쉬움과 안타까운 마음을 쉽게 떨칠 수가 없었다. 4년 가까이 일하면서 즐거운 기억들이 많았고 어쩌면 내게 친정 같은 직장이 아니던가. 리듬 앤 휴즈 스튜디오의 갑작스러운 파산은 나에게뿐만 아니라 할리우드에 몸담고 있던 이들 모두에게 충격적인 소식이었다. 페이스북이나 트위터의 프로필 사진을 녹색으로 바꾸는 등 소셜 미디어를 통해 분노를 표시하는 사람들이 급속도로 늘어나기도 했다.

파산 직전까지 리듬 앤 휴즈 스튜디오는 최고의 전성기를 구가하고 있었다. 할리우드를 발판으로 삼아 발 빠르게 인도, 대만, 말레이시아 등지로 지사를 확장하고 중국 진출을 타진하면서 아시아 시장까지 거머쥐는 듯했다. 1987년에 설립된 후 1995년에 말하는 돼지가 나오는 〈베이브〉라는 영화로, 그리고 2008년에는 〈황금 나침반〉으로 아카데미상을 수상했고 파산 당시인 2013년에는 〈라이프 오브 파이〉로 세 번째 아카데미상 수상이 유력시되고 있었다. 할리우드 프로덕션 종사자들이 이 회사의 파산에 분노한 이유는 바로 이것이었다. 그해 가장 성공한 영화 중 하나로 손꼽히며 평단과 대중의 찬사를 한 몸에 받았던 〈라이프 오브 파이〉의 특수효과를 담당한 회사, 그렇게 뛰어난 실력을 갖춘 회사가 어떻게 파산을 한단 말인가. 그렇게 잘나가는 회사가 순식간에 침몰할 수 있다는 것은 100년이 넘는 역사를 가진 거대한 꿈의 공장 할리우드에 무언가 심각한 구조적인 문제가 있다는 얘기였다.

할리우드는 더없이 화려하다. 부와 명성이 넘쳐나고 신데렐라의 꿈이 현실이 될 수 있는 곳이다. 이곳에서 만들어내는 영화에 전 세계가 전율하며 열광한다. 그러나 관객들의 눈을 즐겁게 만드는 스크린 뒤의 할리우드는 여느 산업 현장과 별다를 바가 없다. 오히려 그 어느 곳보다 치열하고도 처절한 생존경쟁이 펼쳐지는 곳이 할리우드다.

할리우드의 먹이 피라미드의 맨 꼭대기를 차지하고 있는 것은 콜롬비아 픽쳐스(Columbia Pictures), 유니버설 픽쳐스(Universal Pictures), 파라마운트 픽쳐스(Paramount Pictures), 디즈니 픽쳐스(Disney Pic-tures) 등의 대규모 자본을 가진 제작사나 배급사들이다. 이 영화계의 큰손들은 영화를 제작하면서 각 영화에 들어갈 특수효과를 맡아줄 회사들을 선발한다. 아이엘엠, 디지털 도메인, 리듬 앤 휴즈 스튜디오, 소니 이미지웍스와 같은 회사들이 디지털 특수효과 제작을 전문으로 하는 곳이다. 이들은 새로 진행되는 영화의 특수효과를 맡기 위해 가장 저렴한 가격을 산정해 제작사들이 주관하는 입찰에 참여한다. 이 입찰 금액은 매우 과학적으로 산정된다. 이전 영화를 제작하는 데 있어서 어떤 장면을 만들기 위해 어느 정도 직급의 몇 명의 작업자가 얼마만큼의 시간을 들여 만들었는지에 관한 데이터를 자동화된 파이프라인의 기록을 통해 불러오고, 거기에 새로 기획 중인 영화의 유사한 장면을 대입시켜 가장 경쟁력 있는 가격을 계산해낸다. 여기까지만 보면 상당히 공정한 경쟁인 것처럼 보인다. 월등한 실력으로 같은 작업을 더 효율적으로 해낼 수 있는 회사가 프로젝트를 차지하고 살아남는 것이 당연하지 않은가. 그런데 현실의 경쟁은 그렇게 단순하지가 않다. 배우들에게는 천문학적인 돈을 쏟아붓는 제작사들이 특수효과에는 최대한 비용을 절약하고 싶어 한다. 그래서 공정하지 못한 거래가 시작된다.

어떤 제작사의 새로운 영화 프로젝트에서 A라는 회사가 적정한 가격으로 일을 맡았는데 경쟁자였던 B라는 회사가 물밑 작업을 벌인다. 그 프로젝트를 가져오지 못하면 직원들을 내보내거나 월

틀을 깨려는 용기가 필요해

급이 밀릴 수밖에 없기 때문이다. 그래서 제작사에 A사보다 싸게 일을 해주겠다고 제안을 한다. 이것은 물론 제작사가 한 푼이라도 아끼려는 심산으로 B사와 모종의 거래를 하며 여지를 주었기 때문에 가능한 일이다. B사는 적자를 내더라도 당장 몇 개월은 버틸 수 있기에 A사의 프로젝트를 가로채 온다. 내가 일하던 당시에도 영화 〈나니아 연대기〉의 전체 특수효과를 리듬 앤 휴즈 스튜디오가 모두 맡기로 했다가 결국 반이 넘는 작업이 소니 이미지웍스로 넘어간 적이 있었다. 적자를 보더라도 일을 가져가겠다고 나서는 데에는 장사가 없다. 이렇게까지 하면서 살아남아야 하는 제 살 깎아먹기 식의 경쟁이 할리우드의 특수효과 제작 환경을 피폐하게 만들기 시작했고, 결국 대기업의 투자 없이 가족적인 분위기로 회사를 운영하며 많은 할리우드 관계자들의 존경을 받았던 리듬 앤 휴즈 스튜디오가 파산의 길을 걷게 되었다. 경쟁 관계를 떠나서 수많은 할리우드의 특수효과 종사자들의 분노는 결국 이런 할리우드의 먹이사슬 구조에 대한 경멸의 표출이었다. 예전에 스티브 잡스가 회사를 사고 싶다며 방문을 했을 때 투자를 받거나 회사를 매각했더라면 리듬 앤 휴즈 스튜디오의 역사는 달라졌을지도 모른다.

세계 영화시장에서 한 세기가 넘게 철권을 휘둘러온 할리우드라고 해도 세상에 영원한 것이 어디 있으랴. 최근 들어 할리우드의 회사들이 미국을 떠나 다른 나라로 본사를 옮기면서 할리우드의 독점적인 위치가 흔들리기 시작한 것도 이러한 과열된 경쟁 상황과 무관하지 않다. 웨타 디지털은 비교적 이른 시기인 1993년에 뉴질랜드 정부의 전폭적인 지지를 받으며 수도 웰링턴에 자리를 잡았다. 캐나다나 영국 정부도 강도 높은 세제 감면 등의 혜택을 앞세워 할리우드 특수효과 회사들을 유치하고 할리우드 인재들을 영입하기 위해 적극적으로 나서고 있다. 회사의 입장에서는 이런 정부 혜택들을 통해 비용을 절감하면서 보다 큰 가격 경쟁력으로 할리우드에서 프로젝트를 따내고, 해당 국가의 입장에서는 고용 창출의 효과뿐 아니라 자국의 콘텐츠 산업 경쟁력으로도 이어질 수 있으니 양쪽 모두에게 윈윈 전략인 셈이다.

나는 할리우드의 위기를 기회로 삼아 할리우드의 아성에 도전하려는 다른 나라들의 사례를 들면서 한국도 콘텐츠 산업의 발전을 위해 이런 방안을 모색해볼 수 있지 않느냐는 의견을 제시한 적이 있었다. 그러나 한국 정부의 입장에서는 특정 산업 분야에 세금 혜택을 주면 다른 산업과의 형평성 문제가 생기는 까닭에 한국 정서상 쉽지 않은 방법이며, 대신 R&D 자금 지원을 통해 산업을 육성하는 것이 한국 내에서 가능한 방법이라고 덧붙였다. 할리우드 관계자들에게 한국 진출의 가능성에 대해 물어본 적도 있었지만 그들의 답변도 신통치 않기는 마찬가지였다. 한국은 일본만큼이나 인건비가 비싸고 인도나 싱가폴, 중국 등에 비해 직원들의 잠재적인 영어 소통 능력이 특출하게 뛰어난 것도 아니어서 그리 좋은 환경이 아니라는 것이었다. 한국의 국제화 지수가 어느 정도인지를 냉정하게 말해주는 순간이었다.

　대형 제작사나 특수효과 제작회사와는 또 다른 범주의 할리우드 회사로 픽사나 드림웍스와 같이 장편 애니메이션을 만드는 회사들이 있다. 이들은 거대 영화제작사가 요청하는 특수효과 제작 일을 가져오기 위해 경쟁하지 않는다. 대신 자체적으로 애니메이션을 기획하고 스토리를 만들고 직접 예산을 투입하여 제작한다. 아티스트나 개발자 등 직원들의 입장에서 하는 일은 특수효과 제작회사와 거의 유사하기 때문에 쌍방 간에 자유로운 이직도 가능하다. 그러나 회사의 수입 모델에는 큰 차이가 있다. 특수효과 제작회사의 경우에는 입찰 경쟁을 통해 매출을 올리는 반면 애니메이션 전문회사는 영화가 성공을 해야 수익을 내고 영화가 실패하면 그대로 손실로 이어진다. 영화가 매번 성공한다는 보장이 없으니 작품을 만들 때마다 도박을 하는 모험을 감수해야 한다. 영화 하나가 잘못되는 바람에 잘나가던 회사가 문을 닫을 수도 있기 때문이다. 그러나 1995년 〈토이 스토리〉를 제작하여 극장에 올린 픽사는 엄선된 스토리 선정 작업과 완벽을 추구하는 비주얼 제작 작업으로 단 한 번도 손해를 입은 적이 없는 불패신화를 꾸준히 이어가고 있다. 특수효과 제작 회사들 중에는 이런 애니메이션 전문 회사들처럼 스스로 영화를 제작 할 수 있는 환경을 만들기 위해 노력하는 곳도 있다. 리듬 앤 휴즈 스튜디오 역시 수입 모델을 바꾸기 위해 10여 년간 장기 프로젝트를 진행해오던 중 미처 실행되기도 전에 재정 악화로 최악의 상황을 맞고 만 것이다.

무한경쟁에 내몰린 할리우드의 회사들이 살 길을 모색하고 있으며 할리우드의 위상이 흔들리고 있다는 것은 시사하는 바가 크다. 세상에는 영원한 승자도 없고 영원한 패자도 없다. 급변하는 환경 속에 적절한 기회를 제대로 잡기만 하면 얼마든지 반전을 만들어낼 수 있다. 그렇지만 감나무 밑에서 입을 벌리고 기다린다고 해서 감이 내 입속으로 알아서 떨어져줄 확률이 얼마나 되겠는가. 기회는 누구에게나 공평하게 오는 것이지만 그 기회를 잡는 것은 공평하게 누구나 할 수 있는 것이 아니다. 매의 눈으로 시류를 읽고 준비가 되어 있는 자만이 진정으로 그 기회를 자기 것으로 만들 수 있다.

틀을 깨려는 용기가 필요해

인생의
축지법

무인도에서 살아남으려면 굴러다니는 돌멩이를 연장삼아 나무를 다듬어 뗏목도 만들고 임시 거처도 만들며 주변 환경을 적절하게 활용해야 한다. 현실에서 우리는 수많은 사람들에 둘러싸여 살아가지만 사실은 생존을 위해 혼자 모든 것을 극복해야 하는 무인도의 상황과 크게 다를 것이 없다. 내 주위의 사람들은 내가 가진 환경의 일부이다. 그러니 경쟁을 할 것이 아니라 잘 활용하고 공생할 방법을 찾는 것이 성공적인 생존을 위해 보다 현명한 방법이다.

내 편을 만드는 기술

어렸을 때 책을 읽다가 '축지법'이라는 도술을 접하고 한동안 열광했던 적이 있었다. 남들은 동구 밖까지밖에 가지 못했는데 나는 벌써 시내를 건너 산을 넘을 수 있다니 이 얼마나 매력적인가 말이다. 어떻게 하면 축지법을 터득할 수 있을 것인지 고민하면서 운동장을 쉬지 않고 달린 적도 있었다. 혼자 힘으로는 도저히 안 될 것 같아서 이런 기술을 가르쳐주는 곳이 있는지 동네 쿵후 도장을 기웃거리기도 했다. 어른이 되고 나서 어린 시절의 축지법은 또 다른 의미로 나를 사로잡았다. 어떻게 하면 인생을 좀 더 효율적으로 살 수 있을까. 몇 걸음을 걷는 수고로 다른 사람들보다 한참 멀리 앞서갈 수 있는 방법이 과연 있을까.

미국 유학을 준비하면서 대학 입학 원서에 첨부할 자기소개

틀을 깨려는 용기가 필요해

서를 썼다. 면학 계획과 나의 장점, 관심사 등을 피력하고 끝에 가서 '세계를 선도하는 귀교에 반드시 입학을 해서 뛰어난 귀교 학생들과 열심히 경쟁하고 싶습니다.'라고 마무리를 했다. 내가 경쟁에서 앞서나가며 학교를 빛낼 훌륭한 학생이라는 것을 증명해보이겠다는 강한 의지의 표명이었다. 그런데 그 자기 소개서를 미국 유학 경험이 있는 아는 사람에게 보여주었더니 마지막 문장은 삭제하는 것이 좋겠다는 충고를 해주었다. 미국의 학교들은 자기 학생들끼리 경쟁하는 것을 좋아하지 않는다는 것이 이유였다. 더 나아가 교수건 학생이건 같은 울타리 안에 있는 사람들은 협업의 대상이지 경쟁의 대상이 아니라고 했다.

그때 그 말은 나에게 신선한 충격이었다. 한국에서 고등학교까지 다니면서 선생님이나 부모님에게 신물이 나도록 들어온 말이 '옆집 누구보다 잘해야 된다. 반에서 일등 해야 된다. 네 짝꿍이랑 경쟁해서 절대로 지면 안 된다.'였다. 그때 나에게 '옆 사람'이란 절대로 나를 이겨서는 안 되는 존재였다. 그런데 미국에서 공부를 하는 동안 나는 주위 사람들을 보는 관점이 완전히 바뀌었다.

'옆 사람'을 그저 이겨야 할 경쟁의 대상으로만 본다면 그 사람과 유용한 정보를 공유할 일도 없을 것이고 그 사람이 제 실력을 발휘하지 못하기를, 좋은 성과를 내지 못하기를 속으로 빌게 될 것이다. 그리고 그 사람이 낸 훌륭한 제안에 대해 공정하게 인정을 해주기보다는 필요 이상으로 평가 절하하는 경우도 생길 것이다.

설령 그 일이 나의 미래에 보탬이 될 가능성이 있다고 하더라도 그 사람이 나보다 더 잘될까 봐 선뜻 같이 하자고 나서기가 망설여질지도 모른다. 이 모두가 경쟁의 의식구조에서 생겨나게 되는 안타까운 현상이다.

일을 하며 느끼는 행복은 내가 지금 즐기면서 일을 하고 있는가, 이 일을 통해 커다란 성취감을 느낄 수 있는가의 여부에 달려 있다. 주변의 누군가가 나보다 많은 것을 이루었는지 아닌지는 그 사람의 행복에 관련된 것이지 나의 행복과는 무관한 것이다. 남과 비교해서 우위를 느껴야 행복해진다면 하버드 대학생을 친구로 삼는 것보다 내가 한참을 가르쳐야 하는 초등학생들을 친구로 삼으면 된다. 남보다 조금이라도 더 가져야 행복을 느낄 수 있다면 한국보다 물가가 한참 싼 나라로 이민을 가서 떵떵거리며 사는 것이 나을 것이다. 굳이 나와 가장 가깝고 친한 사람들과 자신을 비교해가며 혼자 경쟁에서 이기려고 스스로를 못살게 굴 필요가 없다.

무인도에서 살아남으려면 굴러다니는 돌멩이를 연장삼아 나무를 다듬어 뗏목도 만들고 임시 거처도 만들며 주변 환경을 적절하게 활용해야 한다. 현실에서 우리는 수많은 사람들에 둘러싸여 살아가지만 사실은 생존을 위해 혼자 모든 것을 극복해야 하는 무인도의 상황과 크게 다를 것이 없다. 내 주위의 사람들은 내가 가진 환경의 일부이다. 그러니 경쟁을 할 것이 아니라 잘 활용하고

틀을 깨려는 용기가 필요해

공생할 방법을 찾는 것이 성공적인 생존을 위해 보다 현명한 방법이다.

처음 연구실에 들어온 학생들이 연구실 동료를 경쟁의 상대로 생각하기 전에 나는 학생들에게 미리 강조한다. '연구실에서 내옆에 앉은 사람과는 경쟁을 하는 것이 아니라 협업을 하는 것이다.' 과학과 공학 분야에서 국제적인 저널에 실릴 논문을 쓰는 것은 결코 쉽지 않은 일이다. 그럼에도 불구하고 우리 연구실 학생들이 그런 일을 해내는 것은 노력과 개인적인 능력도 있겠지만 그보다 더 중요한 것은 연구실 구성원들 간의 자발적이고 적극적인 협업이 있었기 때문이다.

각자 주제를 잡고 연구를 시작하다 보면 일의 양이 갈수록 많아진다. 논문의 데드라인이 아무리 넉넉하다고 해도 혼자 모두 하기에는 아무래도 벅찬 양이다. 그렇다고 논문 하나에 몇 년씩 매달릴 수도 없다. 그래서 옆 사람에게 잘 아는 분야를 맡아달라고 부탁을 하고 상대방은 시간을 쪼개어 도와주겠다고 나서는 것이다. 그리고 논문이 완성되면 모두 공동저자로 이름을 올리게 된다. 열 명의 학생들이 있다고 가정했을 때 서로 논문을 도와주다 보면 졸업을 할 때쯤에는 각자가 열 개의 논문에 이름을 올리게 되는 셈이다. 만약 남을 도와주기보다 자신의 논문에만 집중하는 길을 택했더라면 열 명 모두 자기 논문 한 편의 저자로 끝이 났을 것이다.

그리고 무엇보다 협업이 중요한 한 가지 이유는 훨씬 큰 목표를 수행할 수 있다는 점이다. 혼자서는 상상도 할 수 없는 일이지만 여럿이라면 힘을 합쳐 해낼 수 있다. 분야에 따라 조금씩 다를 수는 있겠으나, 소위 잘나간다는 대학 연구실의 연구 규모는 보통 연간 1~2억 원 내외이며 아주 규모가 크다고 하더라도 5억 원을 넘지 못한다. 연간 10억 원 이상 되는 연구는 대개 수백 명 이상의 연구원을 가진 국책 연구원이 맡고, 이를 다시 1억 원 미만의 소규모 프로젝트로 분할하여 대학 연구실로 위탁 연구를 맡기는 방식을 취한다.

아직 초짜 교수 티도 완전히 벗지 못했던 시절, 영화의 시각적 특수효과 제작에 필요한 기술을 개발하는 대규모 연구 프로젝트에 대한 공고가 났다. 세계 최고라고 자부하는 우리 연구실이 맡는 게 당연한 일이었다. 대학이 수행하기에는 프로젝트 규모가 너무 크다느니 하는 말은 귀에 들어오지도 않았다. 결과는 대성공이었다. 우리는 디지털 크리처 프로젝트, 사전 시각화 프로젝트, 입체 변환 프로젝트 등의 대규모 연구에 주관 또는 공동기관으로 참여하여 연간 10억에서 15억 원에 달하는 연구비를 운영했다. 그리고 연구 결과들은 시그그래프에 논문으로 발표되었고, 개발된 소프트웨어는 기술 이전의 형태로 관련 산업체에서 활용되기도 했다.

세상은 독고다이로 맞짱을 뜬다고 나의 가치를 더 크게 쳐주지 않는다. 그보다는 옆 사람과 함께 상생의 전략을 택했을 때 훨씬 더 커다란 세상에 맞서 이길 수 있다. 굳이 옆 사람 몇 명을 이

기기 위해 혼자를 고집한다면 더 큰 기회를 포기하는 것과 마찬가지이다. 나의 가장 큰 적은 나 자신이다. 경쟁은 남과 비교하기 위해서가 아니라 미래의 발전된 모습을 위해 현재의 나와 하는 것이다. 헤밍웨이는 "타인보다 우수하다고 고귀한 것이 아니다. 진정 고귀한 것은 과거의 자신보다 우수한 것이다."라고 말했다. 그러니 옆 사람과 손을 잡음으로 하여 더 큰 일을 할수 있다면 그것이 설혹 나보다 상대방이 더 빛나는 일이라 해도 나의 빛을 죽이는 일이 아니라는 것을 깨달아야 한다.

　살다 보면 뜻하지 않은 상황에 부딪쳐 부당하게 어려움을 겪을 때가 생긴다. 그럴 때 가장 필요한 것이 바로 내 편이다. 나를 믿어주는 사람들은 외풍이 거세게 불 때 바람막이가 되어주고 강물이 넘칠 때는 방파제가 되어준다. 곁에 사람을 두는 기술 역시 성공을 위한 나의 실력이다. 그러니 옆 사람이 무엇을 얼마나 잘해내는지 경계의 눈길로 볼 것이 아니라 그들에게 먼저 다가가 손을 내밀어야 한다. 그렇게 내 편을 한 명씩 늘리는 일이 나 혼자 잘되어보겠다고 용을 쓰는 것보다 훨씬 남는 장사다.

똑똑한 사람보다 남의 마음을
움직일 줄 아는 사람이 성공한다

학창 시절에 나는 등수를 뒤에서 세는 게 더 빠른 반 친구들을 보면서 도무지 이해를 할 수가 없었다. 수업 시간에 선생님이 설명하는 내용을 똑같이 들었는데 왜 나는 알아듣고 저 친구들은 알아듣지 못하는 걸까? 수업 내용이 어려우면 더 집중하고 열심히 해야지 왜 자꾸 한눈을 팔고 겉돌기만 하는 걸까? 그런 생각은 편견으로 이어져서 공부는 못하지만 성격 좋고 멋진 친구들을 사귈 기회는 영영 가져보지 못했다.

사람이 잘하는 게 있으면 못하는 것도 있다는 평범한 진리를 내가 진심으로 깨우치게 된 것은 스포츠 센터에서였다. 운동을 좋아해서 틈틈이 트레드밀에서 삼사십 분 동안 달리기를 하곤 했는데 제자리에서 죽도록 달리는 것이 슬슬 지겨워질 때쯤 아이돌 가

틀을 깨려는 용기가 필요해

수들의 춤을 쉽게 변형해서 가르쳐주는 방송 댄스 GX 프로그램이 있다는 것을 알게 되었다. TV에 나와 춤추는 가수들을 보면서 멋지다는 생각을 종종 하곤 했기에 호기심도 있었고, 다람쥐 쳇바퀴 돌 듯 매일 트레드밀 위만 뛰는 것보다는 새로운 것을 배우는 쪽이 시간을 더 값지게 쓰는 거라는 생각이 들었다. 무엇이든 한 번 집중해서 파고들어 가기 시작하면 끝장을 보는 성격이기에 열심히만 하면 금방 근사하게 춤을 출 수 있을 거라는 근거 없는 자신감이 솟아나 과감하게 등록을 했다. 데스크에서 안내하는 분의 "남자 회원님은 한 분도 안 계셔서 아마 오래 못 버티실 텐데요."라는 친절한 경고도 귓전으로 흘렸다.

나의 불타는 의욕은 불과 첫 번째 수업 시간에 무참히 산산조각이 났다. 내 인생에 그때처럼 한 시간이 길고 괴로웠던 적은 없었다. 대부분 나이 지긋한 아주머니인 회원들은 선생님을 보며 일사불란하게 동작들을 척척 따라하는데 맨 뒤에 선 청일점인 나는 남들이 왼쪽으로 가면 혼자 오른쪽으로 가고 남들이 허리를 돌리는데 혼자 팔을 휘적대고 있었다. 나를 이상하게 쳐다보거나 비웃는 사람은 없었지만 수업을 시작한 지 채 5분도 지나지 않아 소주를 병나발이라도 분 사람처럼 온통 얼굴이 벌게져서는 괴로움에 몸부림을 쳤다. 수업에 들어오기 전 기세등등하던 자신감은 바닥을 치다 못해 안드로메다로 날아간 지 오래였다. 제대로 따라가지도 못하고, 그렇다고 차마 박차고 나가지도 못한 채로 영원히 끝날 것 같지 않던 한 시간을 어찌어찌 보내고 난 뒤 나는 땀과 수치심으로 만신창이가 되고 말았다.

'첫날이라 그런 거야.' 내가 너무 오만했었다고 생각했다. 남들은 이제까지 공들여 배운 것을 나는 하루 만에 할 수 있을 것이라고 생각했다니, 지나친 기대였다고 생각했다. 수업을 몇 번 더 듣다 보면 자연스럽게 남들만큼 할 수 있을 것이라고 스스로를 위로했다. 그러나 그 후로 아무리 시간이 흘러도 내가 제일 눈에 띄게 처지는 회원이라는 사실에는 변함이 없었다. 나보다 더 나중에 합류한 회원들도 나보다 훨씬 춤을 잘 추었다.

동작도 동작이지만 제일 이해가 되지 않았던 것은 동작의 순서를 외우는 일이었다. 집중력과 기억력만큼은 누구한테도 뒤지지 않는다고 자부하며 살아왔건만 똑같이 설명을 들은 다른 사람들은 동작의 순서를 척척 기억하며 음악에 맞춰 춤을 추는데 나는 일단 음악이 시작되면 순간 머릿속이 하얗게 되면서 옆 사람을 흘깃거리지 않고는 도무지 다음 동작이 기억이 나질 않았다. 한 시간 만에 동작 순서를 완벽하게 암기하고 멋지게 춤을 추는 사람도 있었는데 그 사람에 비하면 나는 완전히 동네 바보인 셈이었다. 아무리 공들여 가르쳐줘도 제대로 흉내조차 내지 못하는 열등생. 혹시라도 혼자 해보라고 지적을 당할까 봐 잔뜩 위축된 채 나는 매번 수업 시간마다 돌 같은 머리와 뻣뻣하게 마비된 것 같은 몸을 원망할 수밖에 없었다.

GX 수업을 들은 지 1년이 넘어가면서 나는 학창 시절에 내가 공부를 잘했던 것이 남들보다 훨씬 우수한 인간이어서가 아니라 그 교과목들이 내가 잘할 수 있는 것들이었기 때문이라는 것을 깨달았다. 그때 공부를 못했던 친구들은 아마도 춤에, 혹은 게임에, 혹은 그림에 나보다 훨씬 근사한 재능이 있었을지도 모른다. 내가 아무리 배워도 늘지 않는 춤치인 것처럼 그 아이들은 우리가 하던 식의 공부가 맞지 않는 것일 뿐이었던 것이다. 내가 지금까지 GX 수업을 포기하지 않고 꼬박꼬박 듣고 있는 것은 내가 못한다고 무시하거나 내가 눈에 띄는 꼴찌라는 이유로 나의 됨됨이까지 폄하하는 사람이 없었기 때문이다. 오히려 그 반대로 하나라도 더 가르쳐주려고 노력하고 실력과는 무관하게 나를 있는 그대로 받아주었기에 나는 그 시간을 즐길 수 있었다. 그 시간이 너무 재미있어 그 기쁨을 같이 나누어보고자 연구실 학생들에게도 GX 프로그램을 해볼 수 있는 기회를 마련해준 적도 있었다.

같은 반 모두가 일등이고, 참가한 선수 모두가 금메달을 받으면 얼마나 좋을까. 하지만 현실적으로 그런 일이 일어날 리는 만무하다. 모두가 모든 분야에서 항상 최고일 수는 없다. 중요한 것은 내가 어떤 분야에서 무엇을 하든 그 자체를 즐길 수 있느냐이다. 남들보다 잘하고 못하고를 떠나 즐기는 시간은 값진 시간이다. 더불어 다른 사람의 장단점을 이해하며 그 가치를 존중해주는 사람 곁에 자연스럽게 사람들이 몰리는 법이다. 누군가가 지금 하는 일을 즐기고 있다면 당장 성과가 나오지 않는다고 해서 다그칠 이유도 없고 인간적인 폄하를 할 이유도 없다. 다그침과 폄하는 일의 재미를 떨어뜨리면서 그 일을 반드시 성취해야 하는 숙제로 바꾸어버릴 수 있다. 나는 당장 성과를 내지 못하는 연구실 학생들이 못 미덥다고 불평하지 않는다. 그저 내가 즐거운 연구실 분위기를 만들어주고 있는가를 더욱 고민할 뿐이다. 대부분 이들은 눈부신 성과를 언젠가는 나에게 보여준다. 서로에 대한 신뢰와 인간적인 믿음이 작용한 결과이다.

움직이는 영상을 만들기 위해서는 1초에 24장의 그림이 빠르게 지나가야 한다. 2시간짜리 영화라고 치면 총 17만 2천 8백 개의 그림이 있어야 한다는 소리다. 이때 컴퓨터로 그려내는 그림들은 실사와 합성을 해도 전혀 티가 나지 않을 정도로 사실적이어야 한다. 이런 사실적인 그림에는 빛의 움직임, 그리고 빛에 대한 물체들의 반응을 수학적으로 일일이 계산하는 과정이 뒤따른다. 예를 들어, 책상 위에 놓인 컵의 색깔은 컵 고유의 색깔 외에도 창으

틀을 깨려는 용기가 필요해

로 들어오는 햇빛, 천장에 달린 형광등의 빛, 책상 위에 있는 스탠드의 빛, 그리고 이 모든 빛들이 주변 벽에 한 번 반사되고 난 뒤의 빛, 바닥까지 두 번 반사되고 난 뒤의 빛 등, 광원과 주위 환경과의 무수히 많은 상호작용의 결과이다. CG로 만든 컵이 실제 컵과 똑같아 보이려면 이런 상호작용을 모두 고려한 엄청난 양의 계산이 필요하다. 복잡도에 따라서 컴퓨터로 그림 한 장을 그리기 위해 적게는 몇 시간에서부터 며칠, 또는 몇 주가 걸릴 수도 있다. 이를 처리해서 영화를 제 시간에 개봉할 수 있도록 해주는 것이 바로 슈퍼컴퓨터인 렌더팜(Render Farm)이다.

사실 슈퍼컴퓨터라고 해서 거대한 용량의 CPU를 장착한 집채만 한 컴퓨터를 상상한다면 그건 그야말로 상상일 뿐이다. 렌더팜은 흔히 일상적으로 가정에서 사용하는 컴퓨터들의 집합체라고 보면 된다. 개별적으로 놓고 보면 별로 특출할 것도 없는 평범한 컴퓨터지만 수많은 컴퓨터들이 유기적으로 연결되어 있다보니 성능 좋은 컴퓨터 한두 대로는 꿈도 꾸지 못할 연산들을 빠른 시간 내에 처리해주는 초강력 슈퍼컴퓨터로 탈바꿈한 것이다.

렌더팜의 작동 원리를 생각해보면 독불장군처럼 혼자서 뛰어난 컴퓨터가 되기 위해 아등바등할 필요가 없어 보인다. 심지어 굳이 내 머리가 남들보다 크게 뛰어나지 않다고 하더라도 걱정할 이유가 없다. 그저 남들에 비해 뒤떨어지지 않을 정도의 PC 수준이면 족하다. 대신 다른 사람들의 장단점을 이해하고 배려할 줄 아는 원만한 인간관계와 폭넓은 사회관계를 통해 렌더팜과 같은 슈퍼컴퓨터를 만들면 그만이다. 그리고 리더의 위치에 올라 나의 용량을 뛰어넘는 대형 프로젝트가 할당되면 휴먼 렌더팜을 굴려 처리하면 된다.

사람의 뇌는 10의 12제곱 개 정도의 뉴런들이 모여서 생각하고 기억하고 판단하는 기능을 한다. 사실 사람은 평생 자신의 뇌의 10%도 활용하기가 힘들다고 한다. 사람의 지능은 이 뉴런들을 얼마나 효율적으로 활용하느냐에 달려 있다. 지구상에 존재하는 60억 명의 인구를 개개의 뉴런이라고 해보자. 사회적 관계를 맺지 않고 혼자의 실력에만 의존해서 살아간다면 나는 평생 60억분의 1의 뉴런을 사용하게 된다. 사회적으로 머리가 나쁜 사람의 경우에 해당한다. 그러나 주변 사람들을 먼저 존중해주어 그들과 원만

한 사회적 관계가 맺어지고 다수의 사람들이 내가 필요할 때 나를 위해 움직여줄 수 있다면, 나는 그만큼의 강력한 사회적 뇌를 갖게 된다. 나를 믿고 따르며 나와 함께 일을 할 사람이 몇 명만 모여도 나 한 사람의 뇌의 용량보다는 월등한 능력을 가질 수 있다. 사회적인 인간관계가 일개인의 지능보다 훨씬 더 가치가 있는 이유이다.

사회적 관계를 폭넓게 형성하고 있는 사람들에게는 그 관계가 자신의 몸이나 다름없다. 그 관계를 통해 자신의 영향력을 행사하기 때문이다. 그렇게 내 몸처럼 움직이는 조직이 가능하기 위해서는 구성원들을 진짜 신체의 일부처럼 아껴야 한다. 내 몸의 일부는 내가 이용하기 위한 대상이 아니라, 내가 챙기고 보호해야 할 대상이다. 내가 먹는 음식이 내 몸의 구석구석으로 고루 퍼지는 것처럼, 내가 얻는 성과의 보상은 구성원 모두에게 공정하게 배분되어야 한다. 그래야 진정한 하나의 사회적 몸이 만들어지고 구성원들이 때로는 팔다리처럼 때로는 나의 두뇌처럼 움직여줄 수 있다. 똑똑한 완벽주의자보다는 남의 마음을 얻을 줄 알고 진정한 사회적 관계를 형성할 줄 아는 사람이 성공할 수밖에 없다.

사랑해야 사랑 받는다

대학에 입학하고 첫 미팅을 나갔다. 최대한 멋지게 꾸미고, 같이 간 친구들보다 내가 훨씬 나은 남자임을 열심히 어필하기로 나름 작전도 세웠다. 그런데 미팅 경험이 많은 한 친구가 제일 예쁜 여학생을 딱 찍더니 틈만 나면 정말 예쁘다는 칭찬을 해대는 것이었다. 그렇게 마냥 추켜세워주다가는 콧대가 한없이 높아져서 널 우습게 알 거라고 귀띔이라도 해주고 싶은 심정이었다. 그런데 상황은 생각지도 못한 방향으로 흘러갔다.

내가 멋지게 보이려고 노력을 하면 할수록 아무도 나에게 관심조차 가져주지 않는 반면 그 예쁜 여학생은 다른 잘생긴 친구들은 다 제쳐놓고 점점 그 친구의 시덥지 않은 농담에 깔깔대며 맞장구를 쳐주고 있는 것이었다. 그때는 도무지 이해할 수 없는 미스테

틀을 깨려는 용기가 필요해

리였지만 사실 알고 보면 그 원리는 간단하다. 김춘수 시인의 유명한 시 〈꽃〉의 한 구절이 바로 그 해답이다. '내가 그의 이름을 불러주었을 때 그는 나에게로 와서 꽃이 되었다'. 미팅에서 그 여학생은 자신의 가치를 열심히 인정해준 그 친구에게 고마움과 친근함을 느끼며 쉽게 마음을 열었던 것이다. 이것이 가치를 인정해주는 힘이다.

사람은 누구나 칭찬받고 인정 받고 싶어 한다. 자신의 진가를 알아봐주는 사람에게 끌리는 것은 당연하다. 아무리 사소한 것이라도 좋은 점을 집어서 지적을 해주면 그것이 호감의 표시로 받아들여지면서 상대방의 자존감이 상승하게 된다. 자신을 좋게 봐주는 이를 싫어할 사람이 세상에 어디 있겠는가.

칭찬은 그 순간에 상대방의 기분을 좋게 만들어주는 것뿐만 아니라 미래지향적인 효과까지 있다. 칭찬을 들은 사람은 그 감동을 다시 한 번 느껴보고 싶은 마음에 다음에도 비슷한, 혹은 그 이상의 성과를 이루어 또 칭찬을 받고자 하는 욕구가 생긴다. 그러니 칭찬에 인색한 사람은 인간관계를 발전시킬 수 있는 기회뿐만 아니라 상대방이 성장할 수 있는 기회마저 흘려버리는 셈이다. 그리고 상대방으로 하여금 나를 칭찬하고 싶은 마음이 가시게 만들어 결국 나의 성장도 저해하게 된다. 이것이 내가 인정받고 싶고 칭찬받고 싶고 사랑받고 싶다면 먼저 남을 사랑하고 인정하고 칭찬해야 하는 이유이다.

　나는 학생들이 조금이라도 잘하는 부분이 있으면 칭찬을 아끼지 않는다. 그리고 그런 내 마음이 이심전심으로 통한 학생들도 수시로 나를 칭찬해준다. 내가 사무실 창문 옆에 항상 놓아두는 내 최고의 보물은 학생들에게서 받은 편지들이다. '감사합니다'와 '존경합니다'를 넘어 남학생들이 '사랑합니다, 교수님!'이라고 쓴 편지들을 볼 때면 가슴이 뿌듯해지다 못해 앞으로 더 열심히 살아야겠다는 사명감까지 밀려든다.

　그렇다면 도저히 칭찬을 할 수 없는, 잘못한 일에 대해서는 어떻게 반응을 해야 옳은가. 잘한 일에 칭찬을 아끼지 말아야 하는 것처럼 잘못을 했을 때에는 나중에 다시 같은 실수를 반복하지 않도록 호되게 머리에 각인을 시켜야 하는 것인가. 혼을 내는 마음의 밑바닥에도 상대방에 대한 관심과 아끼는 마음이 깔려 있기는 하지만 나는 아무리 학생들이 해온 일이 성에 차지 않는다고 해도 크게 질책하거나 따끔하게 타이르는 일이 별로 없다.

고등학교 때 한 번은 하필이면 제일 좋아하는 수학 시간에 졸음이 쏟아져서 병든 닭처럼 꾸벅꾸벅 존 적이 있었다. 아무리 참으려고 애를 써봐도 저절로 내려오는 눈꺼풀은 내 의지로 감당이 되지 않았다. 그러다가 갑자기 누군가 쇠절구로 뒤통수를 내려치는 것 같은 충격에 번쩍하고 눈을 떴다. 마침 내 옆을 지나가던 선생님이 삽자루만 한 손바닥으로 내 머리를 후려치신 것이었다. 순간적으로 나에게 꽂힌 반 전체 아이들의 시선에 창피해서 쥐구멍에라도 들어가고 싶은 심정이었다. 졸음은 한 방에 날아가긴 했지만 남은 수업 시간 동안 선생님의 목소리는 하나도 귀에 들어오지 않았다. 그 이후로 그 수업은 내게 제일 좋아하는 시간이 아니라 제일 지루한 시간이 되고 말았다. 그 매 한 대는 수업 시간에 다시는 졸지 못하도록 내린 벌로써는 효과가 훌륭했지만 그것을 통해 더 많은 것을 가르치고자 하는 스승의 마음을 전달하는 데는 완전히 실패한 것이었다.

강의를 하다 보면 깜빡깜빡 조는 학생들이 눈에 들어온다. 그러면 나는 슬금슬금 그 근처로 다가가 어깨에 살짝 손을 얹는다. 그것으로 충분하다. 그리고 복도에서 마주쳤을 때 인사를 못하고 쭈뼛거리는 것 같은 학생이 보이면 내가 먼저 웃으며 인사를 건넨다. 학생에게 맡겨놓은 일이 만족스럽지 못하게 되었을 때에는 먼저 수고했다고 말하고 좀 더 나은 결과물을 만들 수 있는 방법을 차근차근 의논해나간다. 굳이 화를 내거나 야단을 치거나 가슴에 상처가 되는 말로 상대방을 질책하지 않아도 그 정도면 상대방이 내가 전달하고자 하는 메시지를 납득하고도 남는다.

변화는 스스로 깨닫는 데에서부터 시작된다. 질책과 타박은 상대방의 감정을 상하게 하고, 마음이 상한 상대방은 스스로를 보호하기 위해 나를 적으로 돌린다. 거기에는 어떠한 의사소통도, 발전의 가능성도 없다. 그저 감정싸움만 남을 뿐이다. 그러나 질책과 타박을 할 상황에서도 오히려 격려를 하면서 미래에 긍정적인 피드백을 받기 위해 어떻게 해야 할 것인가에 대한 조언을 해준다면 상대방 역시 다음번에는 칭찬을 받고자 고민을 시작할 것이다. 상대방과 나의 우호적인 관계는 그대로 유지하면서 상대방은 더 나은 방향으로 나아가고 나 역시 독한 말을 내뱉는 수고를 덜 수 있다. 쓴소리로 표현되는 사랑을 사랑으로 받아들이기는 어렵다. 사랑한다면 사랑으로 표현해야 한다. 그래야 사랑 받는다. 또한, 남에게 쓴소리를 하지 않고 보낸 오늘 하루는 그만큼 나의 마음을 평안하게 해준다.

틀을 깨려는 용기가 필요해

리더와 매니저의 차이

고등학교 때 윤리 시간에 선생님이 수업을 하다말고 뜬금없이 "여러분은 장래에 어떤 리더가 되고 싶은가요?"라는 질문을 한 적이 있었다. 대통령이나 의사, 변호사도 아니고 리더라니. 아이들은 그 질문의 의중을 가늠하지 못해 우물쭈물하며 대답을 하지 못했다. 그러자 선생님은 약간 실망한 기색을 보이며 무슨 직업을 갖느냐가 중요한 것이 아니라 무슨 일을 하든지 리더가 되는 것이 중요한 거라고 강조하셨다.

리더가 되기 위해서는 먼저 한 분야에서 뛰어난 실력을 발휘하여 주위 사람들로부터 능력을 인정받아야 한다고 흔히 생각하지만 개인적인 능력보다 중요한 것이 구성원들을 효율적으로 이끌 수 있는 능력이다. 리더는 구성원들의 진심어린 동의를 구할 줄 알아야 하고, 구성원 모두를 위한 최선의 결정을 내릴 수 있어야 하고, 구성원들이 능력의 최고치를 발휘하게 할 수 있어야 하며, 그 결과물을 구성원들과 적절하게 공유할 수 있어야 한다.

개인이 혼자 발휘할 수 있는 능력의 최대치가 1이나 2라면 리더는 구성원들의 능력을 혼합하여 수십, 혹은 수백에 달하는 능력을 발휘하도록 이끌어줄 수 있다. 혼자 열심히 무공을 수련하여 대가의 경지에 오른 사람에게 수십 명의 적쯤은 아무 것도 아니다. 그러나 전쟁이 일어나면 홀로 수천 명의 적군을 상대할 수는 없는 일이기에 아무리 경천동지할 무술 실력이라도 무용지물일 뿐이다. 전시에는 출중한 무술 실력보다 전술을 잘 활용하여 적재적소에 병력을 배치하고 일사불란하게 움직일 줄 아는 자가 우두머리가 되어야 한다. 그 사람이 무술 실력이 좋냐 나쁘냐는 문제가 되지 않는다. 하물며 무술 실력이 평범한 사람이라도 훌륭한 전술을 잘만 쓰면 혁혁한 전공을 세울 수가 있다. 그리고 전쟁에서 이겼을 때 잘나든 못나든 모든 구성원이 동등하게 승자의 기쁨을 누리게 되므로 구성원의 입장에서도 혼자서 튀어보려고 죽을 고생을 하며 무술을 연마하는 것보다 리더를 잘 만나는 쪽이 현실적으로 훨씬 이득이 크다.

리더가 되는 출발점은 혼자서 열심히 잘해야지가 아니라 어떻게 하면 여러 사람과 함께 잘할 수 있을 것인가를 고민하는 것이다. 일을 하다보면 다른 사람들과 삐걱대며 손발을 맞추느니 혼자 하는 편이 훨씬 능률적이고 빠르겠다는 생각이 들지도 모른다. 굳이 팀을 운영하느라 들이는 시간과 노력이 무의미하게 느껴지는 것이다. 그러나 그렇게 혼자서 일을 처리하려고만 한다면 나를 위해 전쟁터에서 함께 싸워줄 군대는 영원히 만들 수 없다.

4년 간 할리우드 CG 회사에서 그래픽스 사이언티스트로 구분되는 소프트웨어 엔지니어로 일을 하면서 나는 특수효과에 필요한 소프트웨어를 최대한 빨리 개발해내는 데 익숙해져 있었다. 영리를 추구하는 회사에서 제품을 개발하는 속도는 회사의 생산성과 직결이 되며 그것은 CG 회사도 마찬가지이다. 디지털 아티스트들은 나와 같은 R&D 담당 소프트웨어 엔지니어들이 개발해내는 여러 가지 인 하우스 툴(In-house Tool)들을 사용해서 영화의 한 장면 한 장면을 제작해 나간다. 작업 중에 문제점이 발생하거나 개선 요청이 생기면 회의나 전산망을 통해 기술 개발 담당자에게 전달되고, 개발자들은 최대한 빨리 그 의견을 수렴한 소프트웨어를 만들어내야 한다. 대부분의 경우 반나절이나 늦어도 이삼 일, 꽤 복잡하고 심도 있는 연구 개발이 필요한 작업의 경우 최대 일주일이 소요되는 정도이다. 그 이상 더 시간을 끌게 되면 소프트웨어가 나와도 디지털 아트 작업에 필요한 데드라인을 이미 넘기게 되어 결국 개발에 쏟았던 땀과 노력이 헛수고로 돌아가고 만다.

이런 과정에 익숙해져 있던 나는 카이스트에 처음 부임해오고 나서 학생들의 느린 일처리에 무척이나 당황할 수밖에 없었다. 내가 직접 팔을 걷어붙이고 나서면 하루면 족할 일을 학생들에게 맡겨놓으면 일주일이고 이주일이고 감감무소식이었다. 그러다 몇 달이 지나가기도 했다. 그냥 내가 해버리고 말지 왜 이렇게 혼자 속을 끓이고 있나, 부아가 치밀어 오른 적이 한두 번이 아니었다. 그러나 나는 조급해하지 않으려고 노력했다. 학생들이 놀면서 게으름을 부리고 있는 것이 아니라 새로 맡은 일에 적응하기 위해 시간이 걸리는 것이라는 걸 알기 때문이었다.

제대로 성과를 내지 못하는 구성원은 굳이 종용하고 다그치지 않아도 스스로 충분히 괴로워한다. 그러니 당장 눈앞에 보이는 성과에 연연할 것이 아니라 믿어주고 이해해주고 포용하고 기다려주어야 한다. 설령 내가 원하고 기대한 만큼의 성과를 보여주지 못한 구성원이라도 내가 미처 생각하지 못한 데에서 빛을 발하는 순간이 올 것이다. 그런 리더의 믿음이 조직을 더욱 단단하게 키운다. 내가 혼자 나서서 일처리를 도맡으려고 들었다면 단기적인 연구실의 성과는 그럴듯해 보였을지 몰라도 지금처럼 다양한 대규모 연구를 수행할 수 있는 탄탄한 연구 조직을 만들 수는 없었을 것이다.

간혹 조직의 구성원들을 자기 뜻대로 조종하려고 애를 쓰면서 리더십을 발휘하고 있는 것이라고 착각하는 사람들이 있는데, 그들은 매니저와 리더를 혼동하고 있는 것이다. 다른 사람을 움

틀을 깨려는 용기가 필요해

직여 나의 목적을 달성하려고 한다면 그것은 진정한 리더가 아닌 그저 사람 부리기를 좋아하는 매니저일 뿐이다. 리더와 매니저는 다르다. 성과에만 눈이 어두워 구성원들의 공감을 얻지 못하는 상황에서 무작정 목표 달성만을 강요하며 밀어붙이는 매니저와 함께 일하는 구성원들은 겉으로는 마지못해 매니저의 뜻에 따라 움직일지 몰라도 진심으로 마음을 열지 못한다. 결국에 가서 만족스러운 결과를 내기도 힘들어진다. 설령 목표가 달성되었다고 하더라도 그 찰나의 기쁨을 위해 모든 구성원들이 즐겁지 못하게 일해야 하는 아까운 시간 낭비를 경험했어야 할 터이다. 또한, 진정한 리더가 아닌 매니저들은 구성원들을 자신의 수족 정도로 여기고 개개인의 성장에는 크게 관심을 두지 않기 때문에 애써 구성원들의 잠재력이나 능력을 키워주려는 노력을 하지 않을 수도 있다.

리더의 역할이 무엇인지 잘 모르는 매니저는 조직에서 우위에 있다는 이유로 다른 구성원들에게 자신이 모든 면에서 뛰어나다는 것을 증명해보이기 위해 무조건 자신의 의견이 우선시되기를 원한다. 그에 비해 진정한 리더는 자신의 의견보다 남의 의견에 먼저 귀를 기울인다. 그리고 편견 없이 그중 가장 나은 것을 선택한다. 그것이 리더의 능력이다. 남의 의견이 나의 의견보다 더 낫다는 것을 인정한다고 해서 나의 실력과 입지가 낮아지는 것이 아니다. 도리어 올바른 결정으로 조직의 성과를 높인다면 그로 인해 더 큰 인정을 받게 될 것이다.

상명하달의 일처리 방식은 구성원들을 수동적으로 만들어 창의성을 발휘할 의지를 빼앗고 맡은 일만 대충 처리하게 만든다. 그러나 여러 가지 의견을 공개적으로 투명하고 동등하게 평가하여 그중 가장 뛰어난 것을 채택한다면 구성원들의 창의성은 극대화되고, 설령 지금 당장 자신의 의견이 주목을 받지 못하더라도 다음번에 인정을 받을 수 있다는 가능성을 믿고 노력하게 만들 것이다. 그리고 그것은 공동의 합의로 도출된 현재의 목표에 충실하고자 하는 동기를 부여해준다. 이런 조직 문화 아래에서는 굳이 목표를 강요할 필요가 없다. 구성원들이 자발적으로 조직에 기여하고 싶어지기 때문이다.

진정한 리더라면 구성원들의 몸을 움직이기 전에 먼저 마음을 움직이려고 노력해야 한다. 이 사람과 일하면 재미가 있구나, 이 사람은 조직의 이익뿐만 아니라 나의 이익까지 챙겨주려고 애를 쓰고 있구나, 라고 느껴지게 만들어야 한다. 또한 리더는 기본적으로 다른 사람을 이해하고 존중하는 마음을 가지고 있어야 한다. 어떤 사람은 빠르게 성과를 내기도 하고 어떤 사람은 평균보다 한참 느리기도 한다. 어떤 사람은 이쪽 방면에서 뛰어난 실력을 드러내고 어떤 사람은 저쪽 방면에서 두각을 나타내기도 한다. 눈에 띄지 않던 사람이 나중에 큰일을 해낼 수도 있고 그 반대일 수도 있다. 이렇게 천차만별인 구성원 한 명 한 명이 소외감을 느끼

틀을 깨려는 용기가 필요해

지 않도록 존중해주는 것이 리더의 역할이다. 어떤 직종에서든 일이란 사람과 사람이 모여 하게 되는 법이므로 리더의 가장 큰 숙제는 바로 사람이어야 한다.

같은 시간에
보다 많은 일을 해치우는 방법

　카이스트에 부임하고 첫 이삼 년은 끝도 없이 쏟아지는 일에 정신을 차릴 수가 없었다. 하루 24시간이 모자라다는 것이 어떤 것인지 피부로 실감하던 때였다. 기본적인 수업과 연구 진행 외에도 학과 운영에 필요한 행정 절차의 처리, 학교에서 요구하는 다양한 위원회 활동, 그 밖에 지역사회나 국가, 정부 부처, 기업 등에서 요청받은 일 등, 일일이 열거할 수도 없을 정도의 일들이 밀려들었다. 평일과 주말은 고사하고 밤낮의 구분도 없이 일에 떠밀려 살다 보니 과연 앞으로 내 삶이 어떤 모양이 될지 궁금해지지 않을 수 없었다. 그래서 어느 날인가는 꽤 경력이 오래된 선배 교수에게 교수님 연배 정도가 되면 좀 여유로운 시간이 생기느냐고 물었다. 그의 대답은 상상 밖이었다. 시간이 흐를수록 일은 점점 많아지지 절대 줄어들지는 않는다는 것이었다. 만일 조금 한가해진다는 느낌이 오면 그건 내가 더 이상 필요 없는 존재가 되었다는 의미이니 기뻐할 일이 아니라 슬퍼해야 하는 것이라고 했다.

내가 지금 몹시 바쁘다는 것은 그만큼 나를 필요로 하는 곳이 많다는 것을 의미한다. 그렇다면 일에 떠밀려 사는 인생이라고, 힘들다고 불평을 늘어놓을 것이 아니라 차라리 한정된 시간 안에 더 많은 일을 해낼 수 있는 방법을 개발하는 쪽이 앞으로 나의 사회적 효용성을 지켜나가는 최선의 방법이다. 나중에 알게 된 사실이지만 이런 고민 끝에 내가 개발한 일처리 방식은 놀랍게도 데이비드 알렌(David Allen)이 쓴 『Getting Things Done』이라는 책에 소개된 시간관리 방법과 일맥상통하는 점이 있었다.

현대 사회의 구성원 중에 일상이 한가로운 사람은 별로 없다. 직장 일부터 교통 위반 과태료를 내거나 망가진 시계를 고치는 일, 집안일까지 매일매일 해야 할 일들이 넘쳐난다. 이때 사람들이 제일 먼저 하는 일은 어떤 일을 가장 먼저 할 것인지 우선순위를 정하는 것이다. 대부분 일의 중요도를 따져서 중요한 일부터 먼저 처리하는 것을 맨 먼저 떠올리겠지만 그것은 정답이 아니다. 그렇다면 급한 일부터 처리하는 게 옳은 걸까. 이것도 완벽한 정답은 아니다. 많은 일들을 효율적으로 처리한다는 것은 생산성을 최대로 발휘한다는 뜻이다. 그렇다면 어떻게 해야 생산성이 가장 발휘가 될까?

생산성을 높일 수 있는 조건은 두 가지이다. 첫째로 일을 계획적으로 처리하는 것이다. 마침 백화점 앞을 지날 일이 있을 때 미리 고장 난 시계를 들고 나와 고치면 시간을 절약할 수 있다. 더 중요하다고 생각되는 두 번째 조건은, 어떤 일이든 집중할 수 있도록 항상 맑은 머리를 유지하는 일이다. 내일 학생들과 토론해야 할 논문을 읽고 있는 와중에 미국 학회 출장을 위해 예약했던 비행기 표의 발권 기한이 떠올라 걱정을 하기 시작하면 그러지 않아도 온갖 수식이 섞여서 복잡한 논문이 같은 줄에서 좀체 진도가 나가지 않게 된다. 설상가상으로 컴퓨터에서는 이메일이 도착했음을 알리는 신호음이 끊임없이 울려대고, 그 이메일들은 무슨 요청일까 신경이 쓰여 논문 읽기에 집중하기가 점점 힘들어진다. 이러다 보면 비행기 발권, 이메일 처리, 논문 읽기 어느 것도 딱히 깔끔하게 마무리하지 못한 채 이거 해야 되는데 저거해야 되는데 하는 걱정에 사로잡혀 시간을 허비하게 된다. 내 머리가 하나의 일에 집중하지 못했기 때문이다. 우리의 머리는 한순간에 한 가지 일에만 집중해야 그 성능을 최대로 발휘할 수 있다. 따라서 일처리의 생산성을 극대화하기 위해 필요한 것은 언제 어떤 일을 처리할지 미리 계획을 잡는 것과 지금 해야 할 일 외에 다른 고민을 하지 않고 순간의 집중도를 높이는 것이다. 일처리를 하는 데 있어서 중요한 일, 급한 일을 분류하는 것은 딱히 큰 의미가 없다. 어차피 모두 내가 해야 할 일들이다. 중요하지 않은 일이라고 해서 하지 않고 넘어가거나 뒷

틀을 깨려는 용기가 필요해

전으로 미루어놓고 차일피일할 수는 없다. 나에게는 중요도에서 밀려나도 그 일을 요청한 다른 사람에게는 매우 급박한 일일 수도 있다.

나는 일단 해야 할 일이 생기면 대략 5분 내에 어떻게 처리할지 판단한다. 간단하게 해치울 수 있는 일이라면 일의 경중을 떠나 즉시 행동에 옮긴다. 예를 들어 두 달 후에 열릴 교수 워크숍에 참가할지 여부를 일주일 내로 알려달라는 요청이 오면 달력을 보고 일정을 확인한 다음 즉시 답변을 보낸다. 일주일의 시간이 있다고 해서 며칠만 더 상황을 보고 결정하자는 생각은 하지 않는다. 지난 학기의 실적에 대한 서류 요청이 오면 대략 몇 분 정도가 걸릴지 가늠을 해보고 바로 작성해서 보내준다. 이런 자질구레한 일들을 잠시도 미루지 않고 즉시 처리하는 습관을 들이면 해야 할 일의 리스트도 줄어들고 그 일들이 내 머릿속에 유령처럼 남아 집중해야 할 시간에 나를 괴롭힐 일들도 없어진다.

이에 반해 하나의 일정이 먼저 정해져야 그다음 일정을 확정할 수 있는 경우처럼 부득이하게 시간이 걸리는 일들도 있다. 예산 사용명세를 정리해달라고 사무 담당자에게 요청을 해놓았으면 기한이 되기 전에 일이 잘 진행이 되고 있는지 가끔 점검을 해야 하고, 고장 난 시계를 고치더라도 지금 당장 백화점 앞을 지날 일이 없다면 때를 기다려야 한다. 이럴 때 효과적인 것이 메모하는 습관이다. 나는 구글 캘린더를 활용해서 메모를 하고 '리마인더'가 화면에 뜨도록 미리 시간을 정해놓는다. '오후에 서울역으로 가기 위해 백화점 앞을 지나갈 일이 있으니 잊지 말고 고장 난 시계를 챙겨서 나갈 것'과 같은 메모이다. 내가 따로 애를 쓰지 않아도 캘린더가 알아서 나의 기억을 되살려줄 테니 잊어버릴까 봐 불안해하지 않고 현재 하는 일에 집중할 수 있다.

간단한 일들은 모두 바로 처리해버렸기 때문에, 이제 국제저널에 실린 논문의 리뷰처럼 제법 긴 시간을 요하는 일들만 남게 된다. 누군가가 최선을 다해 쓴 논문을 공정하고 정확하게 심사하려면 최소한 반나절, 어떤 때는 하루가 꼬박 걸리기도 한다. 과연 기술적으로 의미가 있는지, 저자의 주장에 허점은 없는지, 이전의 연구들과 비교하여 충분히 진보한 것인지 등등을 판단하기 위해 순수하게 논문에 집중해야 하는 시간이다. 이런 경우에는 캘린더를 확인하고 주중이든 주말이든 장시간의 여유가 있는지를 확인하고 일을 맡는다. 그리고 그 시간에 정확하게 일을 실천에 옮긴다. 미리 정해둔 시간에 일을 하는 것이기 때문에 기한을 맞출 걱정은 하지 않아도 된다. 만일 그것이 책을 쓰는 일처럼 하루 이틀 고도의 집중력을 발휘한다고 해서 끝날 일이 아니고 하늘이 두 쪽이 나도 맞춰야 하는 데드라인이 없다면 '틈틈이' 전법을 쓰면 된다.

어떤 일을 처리하든 한정된 시간 내에 보다 많은 일을 효율적으로 해내는 가장 간단하면서도 핵심적인 전략은 처리해야 할 일들이 내 머릿속에 남아서 이거 처리해야 되는데, 라는 찜찜한 생각

틀을 깨려는 용기가 필요해

으로 날 괴롭히지 않도록 만드는 것이다. 재빨리 할 수 있는 일이면 일이 떨어진 즉시 해치운 후 잊어버리고, 일정상 할 수 있는 일인지 아닌지의 판단도 즉시 해치우고 잊어버린다. 계획한 시간에 계획한 일들을 처리하기 전까지는 그 일에 대해 절대 떠올리지도 않는다. 그래서 나는 지금 초짜 교수였을 때보다 훨씬 더 많은 일들이 몰려들지만 예전만큼 일에 치여 산다는 느낌을 받지는 않는다. 이런 일처리 방식은 나의 신용도를 엄청나게 높여주었다. 학과 행정실 담당자들은 학생 논문심사 보고서, 성적 보고서, 실적 보고서 등을 제출할 때마다 "이번에도 일등이시네요." 하며 웃는다. 바쁘다는 이유로 툭하면 기한을 넘기거나 독촉을 해야 겨우 서류를 넘겨주는 이들에 비하면 그런 내가 좋게 보일 수밖에 없을 것이다. 선배 교수들도 나에게 일을 시키면 어쨌든 '예스' 혹은 '노'의 답변이 하루 만에 돌아와서 편하다는 이야기를 자주 한다. '노'라는 답변이라도 빨리 해주니 그들의 입장에서는 시간에 쫓기지 않고 다음 대안을 생각할 여유가 생기기 때문이다.

일에 있어서 '예스'와 '노'를 결정하는 것은 내가 가진 시간을 어떻게 쓸지를 결정하는 것이고, 결국 그것은 내가 내 삶을 어떻게 살지를 결정하는 일이다. 누군가의 부탁이라 거절을 할 수가 없어서, 혹은 차마 못 하겠다는 말이 나오지 않아서, 그도 아니면 대충 틈을 내어 할 수 있을 거라는 안일한 생각으로 무조건 '예스'라고 해놓고 질질 끌기만 한다면 상대방은 나에 대한 신뢰도뿐만 아니

3장 인생의 축지법

라 나의 일처리 능력에 대한 의심까지 품게 될 것이다. 그리고 무엇보다도 맡아놓고 막상 손도 대지 못하고 있는 그 일이 끊임없이 머릿속에 떠올라 지금 하고 있는 일에 100% 집중을 못하게 하는 악순환을 피할 수 없다. 차라리 깔끔하게 '노'라고 하는 편이 상대방을 배려하고 그 사람의 시간까지 절약해주는 셈이 된다. 그러니 일이 너무 많아 사는 게 힘들다고 느껴진다면 내가 과연 지금 내게 쏟아지는 일들을 효율적으로 처리하고 있는 것인지, 그리고 '예스'와 '노'를 합리적으로 처리하고 있는 것인지 돌아볼 필요가 있다. 아무리 개인적인 능력이 뛰어나다고 해도 '함께 일하기 피곤한 사람'이 되어서는 그 능력을 제대로 인정받을 수가 없다.

틀을 깨려는 용기가 필요해

나는 지구인이다

이민자의 나라인 미국에서는 일정 조건을 갖추면 시민권을 신청할 수가 있다. 어떤 이민자가 이민국에 시민권 인터뷰를 하러 갔더니 이민국 직원이 이런 질문을 던졌다. "만약에 앞으로 당신의 모국과 미국 사이에 갈등이나 분쟁이 일어난다면 당신은 누구의 편에 서겠습니까?" 참으로 대답하기 까다로운 문제가 아닐 수 없다. 아무리 미국 국적을 얻기 위한 자리라고 해도 자신의 뿌리인 모국을 배신하고 미국의 편에 서겠다고 대답할 수도 없고, 그렇다고 미국 국적을 얻겠다는 사람이 곧 죽어도 내 마음은 모국 편이라고 할 수도 없는 일이 아닌가. 인터뷰를 보러 갔던 그 사람은 차분한 목소리로 이렇게 대답했다. "저는 어떤 상황에서든 정의의 편에 서겠습니다." 이민국 직원은 나라에 얽매이지 않고 정의를 추구할 줄 아는 사람이라면 충분히 미국 시민이 될 자격이 있다고 판단하고 흔쾌히 시민권 인터뷰에 합격 도장을 찍어주었다.

지역감정이 우리나라의 발전을 저해한다는 것은 누구나 동의하는 사실일 것이다. 이 좁은 땅덩어리 안에서 굳이 선을 긋고 서로 감정싸움을 할 이유가 무엇이 있겠는가. 우리 모두가 다 같이 잘 먹고 잘살아야 하는 한국인이다. 서로 담을 쌓고 네 것 내 것을 따지다 보면 '우리'가 같이 잘살 길은 없다. 네 것을 빼앗고 네가 좀 못살아야 내가 잘되는 것이기 때문이다.

여기서 '우리'의 울타리를 세계로 넓혀보자. 내가 태어난 나라가 한국이라고 해서, 혹은 중국, 미국이라고 해서 왜 우리는 한국인, 중국인, 미국인으로 한정을 짓고 살아야 하는가. 지구라고 하는 이 작은 행성에서 굳이 출신 지역에 따라 '너'와 '나'를 규정지어야 하는 이유가 무엇인가. 그래서 나는 스스로를 '지구인'이라고 소개한다. 한국인과 미국인에 대한 구분의 의미는 내게 국가 간 스포츠 경기에서 내가 태어난 나라를 응원하는 것, 그리고 행정적 편의를 위한 분류 정도로 충분하다. 내가 만일 미국 시민권 인터뷰의 그 질문과 같은 상황에 처한다면 나 역시 정의를 선택할 것이다.

미국으로의 대학 진학은 국가라는 틀이 나와 내가 펼치려는 꿈을 담아내기에는 충분하지 않다는 것을 깨닫게 해주었다. 스스로를 '지구인'으로 규정하고 나자 세계를 보는 눈이 달라졌다. 한국이라는 울타리 안에 나를 가두어놓고 한국인이라는 이름으로 다른 나라와 경쟁하기 위해 아둥바둥할 이유가 없어졌다. 세계가 나의 무대였다. 영어를 배워야 하는 이유는 영어가 한국어보다 훌륭한 언어라서가 아니라 지구상에 영어를 쓰는 인구가 훨씬 더 많기 때문이다. 한국 사람이 한국말만 잘하면 되지, 라는 사고방식은 이제 더 이상 통하지 않는 시대가 왔다. 제주도 가듯 해외여행을 가는 시대에 돈과 시간이 있어도 말이 통하지 않아서 여행을 못 가는 신세가 되고 싶지 않다면 영어는 필수이다. 운전면허처럼 언어도 생활의 편리함을 제공하는 하나의 도구로 생각하고 배워야 한다.

그리고 '지구인'이 되면서 나는 여행을 많이 다니게 되었다. 내 삶의 터전인 지구를 직접 체험하기 위해 여건이 허락하는 대로 세계 곳곳에 발도장을 찍었다. 지구에는 서로 다른 문명의 산물과 서로 다른 자연환경이 존재한다. 내 눈으로 그것들을 보고, 내 손으로 그것들을 만져보는 그 순간은 책이나 텔레비전 화면에서 보는 것과는 비교도 할 수 없는 감동을 준다. '백문이 불여일견'이라는 말이 괜히 있는 것이 아니다. 내가 발을 딛고 서 있는 이 행성의 무궁무진한 아름다움을 목격하는 감동과 전율은 그대로 살아 있음에 대한 감사로 이어진다. 그리고 보는 것이 많아질수록 내가 꾸는 꿈의 가짓수도 늘어난다. 미국의 너른 평원을 보고 서 있노라면 나도 언젠가 미국 서부영화에 나오는 광활한 목초지의 주인이 되어보고 싶고, 초고층 빌딩들이 즐비한 뉴욕의 스카이라인을 보고 있노라면 저 값비싼 고층빌딩 중 하나가 내 것이라고 자랑하는 날

이 왔으면 좋겠고, 스미소니언 같은 멋진 박물관을 보다 보면 한국에도 이런 멋진 박물관을 하나 세워보고 싶어진다. 비행기를 타고이곳저곳을 다니다 보니, 나도 세계를 호령하는 갑부들처럼 자가용 비행기도 가져보고 싶다. 왕후장상의 씨가 따로 있는 것도 아닌데, 누군가가 이미 누리고 있다면 나라고 안 될 이유가 없지 않은가. 사람은 아는 만큼 꿈꾸는 동물이다. 이 지구 위의 내 동선이 길어지고 보는 것이 많아질수록 나는 점점 더 야심찬 상상의 나래를 펼치게 된다. 먼 훗날 언젠가는 우주선을 타고 행성들 사이를 누비는 '우주인'이 될 수도 있겠지만 지금은 나의 삶의 터전인 지구 곳곳에서 우주를 향해 마음껏 뛰어보는 걸로 만족한다.

초등학생인 두 딸도 마찬가지이다. 나는 아이들에게 바로 옆자리에 앉은 짝꿍을 이기기 위해 학원들을 뺑뺑이 도는 삶을 살게하고 싶지 않다. 부모의 대리만족을 위해 다른 모든 것을 희생하고공부만 한다고 내 딸들이 행복해질 리가 없다. 내가 지구인인 것처럼 내 딸들도 지구인이다. 그래서 나는 학원비 지출 대신 여행비지출을 택하고, 가끔은 과감히 학교 수업도 빠지게 하고 함께 여행을 간다. 어느 과목에서 몇 점을 받았는지 일희일비하는 대신 세계를 바라보는 통찰력, 다른 문화권의 사람들과 쉽게 친구가 될 수있는 친화력, 그리고 미지의 나라들이 내가 살아갈 무대가 될 수도있다는 자신감을 갖는 것이 더 중요하다고 믿는다. 그것들이야말로 학원에서는 결코 가르쳐주지 않는 인생의 승자가 되는 길이다.

이 세상은 나와 내가 이겨야 할 경쟁자들, 한국과 한국이 이겨야 할 경쟁국들로 이루어진 것이 아니다.

나는 30년이 넘게 지난 지금에도 내가 겪었던 학창 시절을 그 대로 겪고 있는 한국의 학생들을 보면 너무나 안타깝고 마음이 답답해진다. 부모들은 여전히 자식을 좋은 대학에 보내는 것이 생의 목표이고, 아이들은 그저 부모의 뜻에 따라 맹목적으로 공부를 한다. 세상은 빛의 속도로 변하고 놀라우리만치 발전했는데 아이들의 삶은 경제 발전만을 지상의 과제로 달려가던 30년 전과 조금도 달라진 것 같지가 않다. 그것은 우리가 한국이라는 이 좁은 울타리 안에 스스로를 가두고 있기 때문이다. 한국에서 대학을 가는 것이 마땅치 않다면 다른 나라의 대학 교육은 어떤가? 한국에서 취직을 하는 것이 마땅치 않다면 다른 나라로 눈을 돌려보면 어떤가?

사실 주위 사람들에게 이런 얘기를 꺼내면 뜬구름 잡는 소리라는 반응이 대부분이다. 단박에 언어 문제는 어찌할 것이며 무슨 돈으로 그 뒷감당을 하느냐는 타박이 되돌아온다. 맞는 말이다. 해외로 눈을 돌리려면 언어도 배워야 하고 비용도 적지 않게 든다. 그러나 뜻이 있는 곳에 길이 있다는 옛말이 그냥 나온 말이 아니다. 그것은 만고불변의 진리이다.

고등학교를 졸업하고 외국의 대학에 진학하는 경우를 예로 들어보자. 돈 때문에 어려움을 겪는 것은 비단 유학생들뿐만 아니라 그 나라의 대학생들도 마찬가지이다. 내가 본 미국의 대학생들

틀을 깨려는 용기가 필요해

은 집안이 부유하건 가난하건 대부분 빠듯하고 힘든 대학생활을 했다. 고등학교를 졸업하면 성인으로 대접을 받고, 그때까지 보살 피는 것으로 부모는 할 일을 다 했다고 생각하는 것이 미국의 보 편적인 정서이다. 그래서 대학에 입학하고 나면 웬만한 학비와 생 활비는 스스로 해결해야 한다. 열심히 공부해서 장학금을 받고 틈 틈이 학교와 식당, 서점 등에서 아르바이트를 해서 생활비를 번다. 아르바이트를 할 여력이 없다면 졸업 후 갚는 조건으로 학자금을 대출받기도 한다. 그도 아니면 학비가 훨씬 싼 2년제 커뮤니티 칼 리지(Community College)를 마친 뒤 좋은 대학으로 편입하는 방법도 있 다. 이 모두가 부모의 도움을 받지 않고 성인으로서 홀로서기 위한 피나는 노력이다.

그에 반해 한국은 어떤가. 대학 교육은 물론이고 자식이 결혼 을 할 때까지도 결혼 자금 걱정에 발을 동동 구르며 품에서 놓지 못하는 것이 한국의 부모들이다. 조금만 마음을 비우고 젊을 때 세 계를 무대로 한 번 살아보라고 등을 떠밀어보는 건 어떨까. 남의 집 자식처럼 살지 않으면 내 자식만 뒤처지는 것 같은 것은 부모의 눈으로 본 아이의 인생이다. 당장은 모든 여건이 완벽하게 갖추어 져 있지 않더라도 아이는 나름의 방법으로 두려움을 헤쳐나갈 수 있다. 그렇게 믿어주어야 한다. 아이에게 더 넓은 세상을 보여주고 생각보다 훨씬 더 많은 인생의 기회가 있다는 것을 알려주고 싶다 면 옆집 아이가 다니는 학원에 아이를 밀어 넣을 것이 아니라 한국이라는 울타리를 벗어난 세계로 아이를 내보내야 한다.

그 대표적인 성공 사례로 들 수 있는 것이 인도 출신의 학생들이다. 인도에서 미국으로 유학을 온 학생들은 경제적 형편이 넉넉하지 못해서 작은 방 하나에 대여섯 명이 몰려 사는 경우가 다반사이다. 그들이 가진 경쟁력은 발음이 좋고 나쁘고를 떠나 누구 앞에서든 주눅 들지 않고 자신감 있게 영어로 이야기할 수 있는 실력과 열심히 공부해서 성공하고 말겠다는 강력한 의지이다. 석사로 유학을 온 경우 길게는 2년, 빠르면 1년 만에 학위를 따고 실리콘 밸리의 회사에 취직을 하게 되는데 그렇게 한 명 두 명씩 늘어난 인도계 인재들이 이제는 미국 최신 기술 개발의 심장부라는 실리콘 밸리를 좌지우지하기에 이르렀다. 비즈니스 포스트의 기사에 따르면 실리콘 밸리에서 탄생하는 기업의 30% 이상이 인도계가 주축이라고 한다. 마이크로소프트(Microsoft)의 소프트웨어 인력의 70%가 인도 출신이고, 어도비(Adobe)의 CEO도 인도계이다. 최근에는 인도 출신의 순다르 피차이(Sundar Pichai)가 입사 10여년 만에 구글의 CEO 자리를 꿰차면서 세상을 깜짝 놀라게 했다.

한국의 잣대로 본다면 자국의 고급 인력들이 미국으로 빠져나가 정착을 한다고 개탄의 목소리를 높이는 사람들이 있을 것이다. 그리고 이런 인재들을 다시 한국으로 돌아오게 할 방안을 강구해야 한다고 여론을 몰아갈지도 모른다. 그러나 그것은 어디까지나 한국이라는 틀 안에 갇힌 사고방식의 결과이다. 인도 정부는 자국의 인재가 세계로 진출하는 것을 두려워하지 않는다. 오히려 어떻게 하면 미국의 첨단기술 분야에서 인도 출신의 미국인들이 좀 더 많이 활약할 수 있을지 권장 방안을 모색한다. 뛰어난 유태인들이 월스트리트를 거점으로 미국의 경제를 장악하고 있다고 이스라엘 정부가 괴로워할 이유가 없다. 지구인의 관점으로 보면 자국의 인재들이 국적을 바꾸어 다른 나라에 기여를 한다고 해서 그것이 변절이라고 매도하거나 국가적 손실이라고 우려하는 것은 모두 부질없는 짓일 뿐이다.

나는 내 가족을 넘어 우리 연구실의 학생들까지도 모두 지구인으로 키우고 싶은 욕심이다. 그래서 세계를 직접 느끼고 다른 나라의 연구자들과 교류를 하며 국제적인 감각을 쌓게 하려고 학생들의 학회 출장을 권장하기도 했다. 그런데 뜻밖의 난관이 닥쳐왔다. 해외 출장비 과다 책정이라는 명목으로 우리에게 주어진 연구비 예산이 대폭 삭감된 것이었다. 학생 한 명이 해외에 갔다 온 뒤 다른 학생들에게 얘기를 해주면 될 일인데 왜 군이 여러 명이 모두 가야 하느냐는 것이 이유였다. 담당자에게야 나름의 이유가 있었겠지만 벽에 붙은 세계 지도만 보면서 세계를 꿈꾸라 할 수는 없는 일이 아닌가. 한국이라는 좁은 우물에 갇혀 그것이 세상의 전부라고 생각하는 한국인과 지구를 삶의 터전으로 삼고 세계를 누비는 한국인 중 궁극적으로 한국을 위해 더 이익이 될 사람이 누구인지는 생각해볼 일이다.

국경이라는 울타리를 벗어나 열린 마음을 갖는 것은 외국인을 대하는 자세에도 영향을 미친다. 동시대를 살아가는 너와 내가 똑같은 지구인이라고 생각하면 더 이상 국적이나 종교, 피부색이나 언어, 국가의 빈부 격차로 서로를 질시하거나 내려다보는 일은 없을 것이다. 옆집에 다른 동네에서 태어나고 자란 이가 이사를 왔다고 해서 이유 없이 미워할 일이 무엇이 있겠는가. 내가 남의 나라에 가서 살든, 내가 사는 나라에 남의 나라 사람이 와서 살든, 우리 모두는 그저 이 지구촌에서 동네를 옮겨가며 사는 똑같은 지구인들이다.

틀을 깨려는 용기가 필요해

기술을 활용한 마케팅

영화 제작이 끝나고 나면 개봉 전에 영화에 대한 인지도를 높이기 위한 홍보를 진행한다. 사람들이 많이 몰리는 지역의 건물 위나 버스 옆면에 영화 포스터와 개봉 일자를 알리는 광고판이 붙고 극장에서는 예고편을 상영한다. 여기까지는 할리우드뿐만 아니라 어느 나라를 막론하고 모든 영화의 사전 홍보가 비슷하다. 그러나 할리우드 영화에는 홍보 요소가 한 가지 더 있다. 바로 영화 제작에 사용된 기술을 부각시키려는 노력이다. 매번 새로운 볼거리를 집어넣으려고 하다보니 자연스럽게 새로운 기술을 개발해서 사용할 수밖에 없다. 그래서 집채만 한 파도의 생성과 움직임을 사실적으로 빠르게 시뮬레이션하는 기술을 만들어내기도 하고, 가상 캐릭터의 움직임을 실감나게 자동으로 구현하는 기술이 개발되기도 한다. 이런 기술들을 영화 홍보에 적극적으로 활용하는 것이다.

연기자의 움직임을 3차원 정보로 추출하여 캐릭터 모델에 적용해서 캐릭터의 움직임을 손쉽게 만들 수 있게 하는 것을 모션 캡처 기술이라고 한다. 이 모션 캡처에 사용되는 적외선 카메라는 캡처되는 공간의 크기에 따라 보통 24대에서 32대 정도이다. 그런데 소니 이미지웍스(Sony Imageworks)는 기존의 방식과 차별화하기 위해 이 카메라의 숫자를 무려 200대 이상으로 늘렸다. 이렇게 많은 카메라를 설치한 스튜디오에서는 한 사람의 동작이 아닌 여러 사람의 동작을 동시에 모두 캡처할 수 있게 된다. 따라서 여러 사람이 한꺼번에 싸울 수도 있고 이리저리 몰려다닐 수도 있다. 보통의 경우에는 얼굴 표정 따로, 몸동작 따로 캡처를 하던 것을 한꺼번에 캡처하는 것도 가능하다.

조지 루카스(George Lucas)가 설립한 아이엘엠(ILM, Industrial Light & Magic)은 모션 캡처 기술을 또 다른 방식으로 진화시켰다. 보통의 모션 캡처는 실내 스튜디오에서 이루어지므로 아무래도 배우의 입장에서는 연기에 대한 몰입도가 떨어질 수밖에 없다. 현장에서의 촬영과 모션 캡처 스튜디오에서의 촬영이 따로 이루어져야 하기 때문이다. 이 문제점을 해결하기 위해 야외 현장에서 모션 캡처가 가능한 시스템을 만들어 배우의 표정과 동작을 한 번에 캡처할 수 있게 되었다. 할리우드는 이렇게 업그레이드된 모션 캡처 기술을 기존의 기술과 차별화하여 퍼포먼스(Performance) 캡처, 또는 감정까지도 캡처한다고 하여 이모션(Emotion) 캡처라는 이름을 붙여 홍보했다. 이렇게 만들어진 영화가 톰 행크스(Tom Hanks)가 주연한 〈폴라 익스프레스〉를 비롯하여, 〈몬스터 하우스〉, 〈베오 울프〉, 조니 뎁(Johnny Depp) 주연의 〈캐리비안의 해적〉, 〈아바타〉 등이다. 〈아바타〉가 입체 영화로 개봉 될 당시에는 입체 촬영에 사용했던 카메라 리그와 가상의 스테이지(Virtual Stage)를 크게 부각시켜 영화 홍보에 적극적으로 활용하기도 했다.

이런 새로운 기술의 등장은 관객의 호기심을 극도로 자극한다. 영화에 크게 관심이 없던 사람들도 기술에 대한 궁금증으로 극장을 찾게 되는 것이다. '이번에 개봉한 영화에 '골룸'이라는 요상한 캐릭터가 나오는데 정말 살아 있는 것같이 움직인대. 지금까지와는 차원이 다른 캡처 기술을 썼다는데 한번 보러 가볼까.' 혹은 '이번에 나온 영화에 새로운 가상 스테이지 기술을 사용했대. 배우가 연기를 하면 가상의 CG 캐릭터가 실시간으로 같이 움직이는 거라는데 그게 뭔지 직접 보고 싶어.'처럼 영화는 단순한 시간 때우기나 오락이 아니라 현대과학기술의 진보를 보여주는 현장이 되었다.

그런데 할리우드에서 발표하는 '엄청난 신기술' 뒤에는 상당한 거품이 있는 것도 사실이다. TV 뉴스나 인터넷을 통해 퍼지는 영상은 홍보를 위한 것이지 실제로 영화의 장면들이 순전히 새로운 기술만으로 100% 구현된 것은 아닌 경우가 꽤 많기 때문이다. 어느 정도의 기술력이 들어간 것은 당연하지만 대부분의 경우 결과의 완성도를 높이기 위해 다른 공정을 거치거나 때로는 숙련된 아티스트들의 창의적 수작업이 엄청나게 첨가되기도 한다. 하지만 이런 내용까지 홍보 영상에 들어갈 리가 없으므로 대중들은 새롭게 부각된 신기술이 마치 만병통치약인 것처럼 믿게 되고, 또 한쪽에서는 부랴부랴 모방 기술을 개발하는 데 집중하는 상황도 벌어진다.

픽사에서 만들어 사용하고 있는 렌더맨(renderman)의 경우도 자타가 공인하는 세계 최고의 렌더링 소프트웨어이기는 하지만 이 소프트웨어 하나로 픽사의 애니메이션을 자동으로 척척 그릴 수 있는 것은 아니다. 텍스처 페인터(texture painter)라고 불리는 아티스트들이 필요에 따라 그림 한 장 한 장을 일일이 수작업으로 보완하는 것 역시 필수적인 공정이다. 그러나 이런 사정을 모르는 사람들은 그저 겉으로 부각된 신기술만 맹목적으로 따라가려고 발버둥을 친다. 선진국에서 뛰어난 결과물을 만들어낸 기술이니 우리도 비슷한 기술을 개발해내야 한다고 연구자들을 다그친다. 눈에 보이는 기술 한두 개만 있으면 똑같은 결과물을 얻을 수 있을 것이라는 착각 때문이다. 그러나 아무리 모방 기술을 개발한다 한들 결과물의 품질이 비슷해지기 어려운 것은 그 외에 부수적으로 들어가는 여러 가지 제반 노력들의 중요성을 제대로 파악하지 못하고 단편적인 기술 몇 가지에만 치중했기 때문이다.

틀을 깨려는 용기가 필요해

사실 이런 예는 할리우드에만 있는 것이 아니다. 몇 년 전 스티브 잡스(Steve Jobs)는 아이폰을 홍보하며 기술과 아트의 접목을 강조하기 위해 표지판의 교차점에 서 있는 이미지를 사용했다. 많은 사람들은 이 광고를 보고 아이폰과 같은 기기를 만들어내기 위해서는 기술과 아트의 접점을 찾아내는 창의력이 필요하다는 생각을 갖게 되었다. 그리고 아이폰의 돌풍과 함께 기술과 인문학의 융합을 강조하는 트렌드가 생겨났다. 그러나 이것은 사실 애플의 광고가 내세운 콘셉트에 세뇌를 당한 것이라고 볼 수 있다. 처음 그 광고 사진을 봤을 때 내가 했던 생각은 '아, 스티브 잡스가 제품 홍보를 아주 멋지게 하고 있구나.'였을 뿐이다. 대외적인 홍보란 그럴싸하게 보이기 위한 연출에 불과하며, 사실 그 이면에는 엄청나게 많은 요소들이 자리 잡고 있다는 것을 할리우드의 경험을 통해 알고 있었기 때문이다.

성공한 사람들의 이야기도 마찬가지이다. 그들의 성공 방식을 배우고 열심히 답습한다고 해서 그들이 이룬 만큼 나도 이룰 수 있다는 보장은 없다. 숫자를 매겨가며 나열하는 성공의 방법론 외에도 무수히 많은 숨은 요인들이 서로 얽히고설켜 성공을 이루는 발판 역할을 해낸 것이기 때문이다. 성공한 사람들이 이렇게 해서 성공했다고 하는데 나는 영 그런 삶의 방식이 맞지 않는다고 한다면 굳이 그것을 따르려고 노력할 필요가 없다. 남이 입어서 예쁜 옷이라고 내 몸에 맞지도 않는 옷을 억지로 입으려고 하다 보면 옷맵시가 나기는커녕 옷이 찢어지는 수모만 당할 뿐이다. 맹목적으로 남의 뒤를 따라가는 것보다는 남이 가지 않은 길을 가고 남이 하지 않은 방식으로 나의 길을 개척하는 것이 성공을 위해서는 더 빠른 길일지도 모른다. 나에게 가장 맞는 방식으로 나만의 성공 방식을 만들어내면 된다.

틀을 깨려는 용기가 필요해

4장

나는
백지수표다

스스로 나의 분야에서 최고의 전문가라는 자부심이 있기에, 잘나가는 변호사들에 비해 나의 시간당 몸값이 결코 적지 않다고 당당하게 주장할 수 있다. 나의 몸값은 백지수표와 도 같다. 나의 경험과 지식이 얼마의 가치가 있는지 결정하는 사람은 바로 나 자신이다. 백지수표에 내가 직접 액수를 써넣고 사인을 하고 나면 그것이 내 몸값이 되는 것이다.

협상의 철학 – 스티브 잡스의 두 얼굴

똑같이 발바닥에 땀이 나게 뛰어다니며 살았는데 누구는 백억대 자산가이고 누구는 대기업 과장이며 누구는 아직도 이 직장 저 직장을 전전하며 산다. 세상이 왜 이렇게 불공평한 거냐는 볼멘소리가 터져 나올 만하다. 같은 노력을 했다고 누구나 똑같은 보상을 받는 게 아니고 사회적 위치가 단순히 노력에 비례해서 결정되는 게 아니라는 건 누구나 공감하는 현실이다. 왜 이런 차이가 생기는 것일까. 그 이유들 중 하나가 바로 살면서 끊임없이 접하게 되는 협상이다.

협상은 일상적으로 일어난다. 중고차를 사고팔 때에도, 집을 사고팔 때에도, 은행과 금리를 조정할 때에도, 회사에서 투자를 유치할 때에도, 국가 간에 자국의 이익을 위해 줄다리기를 할 때에도

틀을 깨려는 용기가 필요해

협상이 필수이다. 나보다 훨씬 노련한 전문가, 내가 속한 회사보다 훨씬 큰 기업에서 파견된 임원진, 우리나라보다 더 잘사는 선진국을 대표한 특사의 기세에 눌려 '저는 잘 모릅니다. 무조건 믿고 맡길 테니 잘 결정해주십시오.'라고 공손한 태도를 보인다면 그것은 상대방의 조건만 100% 수용해주는 것이다. 그러고 나서 그 협상 결과를 스스로에게 정당화시킨다. 중고차 가격은 시세가 그래서 어쩔 수 없었고, 은행은 원래 시스템이 그래서 어쩔 수 없었고, 저쪽 회사가 제시한 방법이 우리보다 좀 더 납득할 만해서 어쩔 수 없었고, 상대 국가의 논리가 우리보다 좀 더 합리적이었기 때문에 어쩔 수 없었던 것이라고 자신을 설득하고, 가족을, 회사의 상사를, 국민들을 설득시킨다.

인생을 효율적으로 사는 사람들은 매번 자신이 가진 가치에 대해 상대방을 적절하게 납득시키며 자신에게 돌아오는 보상을 극대화하려고 노력한다. 반면 인생을 별로 효율적으로 살지 못하는 사람들은 어렵게 쌓아올린 자신의 가치를 너무 헐값에 팔아버리고 만다. 이런 과정이 반복되다보면 결과적으로 전자의 사람들은 좀 더 빠른 걸음으로 자신의 길을 앞서나가게 되고 후자의 사람들은 뒤처질 수밖에 없다.

협상을 하는 자리에서 상대가 제시하는 조건을 마치 불가항력인 양 수용하는 것은 시장에서 물건을 살 때 시세를 모르면 가격을 흥정할 수 없는 것과 같은 이치이다. 자신이 잘 아는 분야가 아니고 상대방이 전문가인 상황에서 굳이 입씨름을 할 자신이 없는 것이다. 회사에 취업을 했을 때 마지막 단계는 연봉 협상이지만 "우리 회사의 연봉 기준은 이렇습니다"라는 회사 측의 단호한 태도에 주눅 든 신입사원은 차마 연봉을 조금만 더 올려달라는 말을 꺼낼 생각조차 하지 못한다. 오히려 "저는 연봉에 연연하지 않습니다. 얼마를 주시든 최선을 다해 열심히 일하겠습니다."라는 말로 협상의 기회를 다음으로 미루는 것이 보통이다. 돈 얘기에 민감하게 반응하여 회사에 좋지 않은 인상을 남기고 싶지 않기 때문이다. 연구실에서 연구원을 선발할 때도 마지막에 연봉 협상을 하다 보면 굉장히 쑥스러워하며 "그냥 기준에 맞춰 달라"고 하는 경우가 종종 있다. 또는 희망 연봉을 얘기해놓고도 내가 이런저런 이유를 대며 연구실 상황이 이러니 좀 낮추자고 하면 쉽게 수락하기도 한다. 자신의 가치에 대해 그만큼의 보상을 해달라고 당당하게 주장하는 것이 부적절하다고 느끼는 것이다.

인류의 삶에 지대한 영향을 미친 스티브 잡스가 애플이라는 작은 회사를 공룡기업으로 키워내고 혁신적인 기술을 쏟아낼 수 있게 한 능력 중 하나가 바로 협상력이었다. 그는 협상의 자리에서 상대방이 어떤 조건을 제시하든 자신의 가치가 그보다 월등하다는 주장을 굽히지 않았다.

다케우치 가즈마사(Takeuchi Kazmasa)가 쓴 『신의 교섭력』이라는 책을 보면 협상에 임하는 스티브 잡스의 태도를 알 수 있다. 그가

틀을 깨려는 용기가 필요해

소유한 애니메이션 회사 픽사가 특별한 수입을 내지 못하고 경영 악화 일로를 걷고 있을 때 디즈니로부터 희소식이 날아들었다. 영화를 공동 제작하자는 제안이었다. 디즈니가 제작비를 대고 픽사가 제작을 하여 수익금은 87.5:12.5로 나누고 캐릭터에서 나오는 부가적인 수익은 모두 디즈니가 가져가는 조건이었다. 자금이 절실했던 스티브 잡스는 계약 조건을 하나도 바꾸지 못한 채 디즈니의 요구대로 사인을 할 수밖에 없었다. 그리고 제작된 영화가 바로 1995년 개봉한 최초의 장편 컴퓨터 애니메이션 〈토이 스토리〉였다.

영화가 크게 성공하자 그는 디즈니에 재계약을 요청했다. 보통 사람이라면 이미 계약서에 사인을 하고 난 다음이니 다음번 계약을 갱신할 기회를 별렀겠지만 그는 달랐다. 처음의 일방적인 계약서는 완전히 무시하고 디즈니의 CEO였던 마이클 아이즈너(Michael Eisner)에게 다음과 같은 새로운 조건을 제시했다. 디즈니용 영화를 제작할 때 모든 창작은 픽사에게 맡길 것, 그리고 디즈니의 로고와 똑같은 크기로 픽사의 로고를 넣을 것, 그리고 영화 제작의 수익금은 반반씩 나누어 가질 것. 아이즈너와의 협상 끝에 잡스는 이 세 가지 조건을 모두 관철시킨 것도 모자라 캐릭터 상품 수익금의 일부까지 픽사에게 배분한다는 파격적인 조건을 첨가시키기까지 했다. 이제 막 영화 하나가 대박을 터트렸을 뿐인 픽사가 덩치 큰 디즈니를 상대로 자신의 이익을 제대로 챙긴 것이다. 우리는 애니메이션 전문 회사니까 애니메이션을 잘 만들 궁리나 하고 운영은 큰 회사인 디즈니에게 맡기자는 태도로 나갔더라면 절대로 불가능했을 결과였다. 이후 잡스는 픽사를 74억 달러에 디즈니에 매각하고 디즈니의 대주주가 되었다. 20여 년 전 조지 루카스(George Lucas)가 3천만 달러에 내놓은 픽사를 잡스가 사들였을 때 그가 지불한 돈은 불과 1천만 달러였다.

온라인 음원 서비스인 아이튠즈 사업에서도 잡스의 협상 능력은 빛을 발했다. 음반 업계에서는 5대 음반 회사인 소니와 워너, 유니버설, EMI, BGM이 슈퍼 '갑'의 위치에서 협상을 좌지우지하는 것이 통례였다. 그런데 음원시장에 뛰어든 잡스는 이 슈퍼 '갑'들을 한자리에 모아놓고 자신이 원하는 방식으로 그들의 협력을 얻어내곤 했다. 그는 자신이 잘 아는 분야이건 모르는 분야이건 주저하지 않고 자신이 원하는 것을 끝까지 우겨서라도 관철시키고야 말았다. 픽사가 처음 주식을 상장하던 당시에도 잡스는 기업 상장을 전문으로 하는 투자은행들이 12달러에서 14달러 정도가 적정 공모가라고 내놓은 의견을 모두 무시하고 자신이 원하는 22달러를 밀어붙였다. 가격을 너무 높게 책정하면 주문량이 떨어지면서 주가가 같이 떨어질 위험을 안고 있었지만 그는 고집을 버리지 않았다. 그리고 상장 첫날 픽사의 주가는 49달러까지 치솟았다가 39달러로 마감을 했다. 그리고 잡스는 한순간에 억만장자가 되었다.

틀을 깨려는 용기가 필요해

협상을 잘한다고 해서 늘 적절한 데이터와 논리적인 설명이 따르는 것은 아니다. 잡스는 뻔뻔스러울 정도로 우기고, 집요하게 매달리고, 그래도 안 되면 울면서 애원하는 방법까지 모두 동원했다. 상대방의 상황이나 입장, 이익을 먼저 고려하는 우아함 따위는 안중에도 없었다. 그만이 가진 이런 협상력이 없었다면 디지털 음원시장을 재정립한 애플도, 디즈니의 대주주인 스티브 잡스도 없었을 것이다. 그렇다고 자신에게 유리한 협상 결과에 대해 상대방에게 미안해할 필요는 없다. 디즈니의 대주주가 된 후 잡스는 그 이전에 비해 디즈니의 회사 가치를 크게 올려놓았으며 음반시장의 불법 음원 다운로드를 막을 대안을 제시함으로써 음반 회사들에도 큰 이익을 돌려주었기 때문이다.

나는 협상의 자리에 나가는 것을 즐기는 편이다. 협상은 사람이 죽거나 다치지 않는 안전이 보장된 환경에서 마음껏 공격과 수비를 해볼 수 있는 전쟁터다. 그래서 협상이 내게 유리하게 마무리가 되면 마치 전쟁에서 승리를 한 것 같은 쾌감이 느껴진다. 두 배로 성공한 협상은 내가 일할 시간을 두 배로 절약해준 셈이고, 열 배로 성공한 협상은 내 시간을 열 배로 보상해준 셈이다.

박사 학위를 받은 후 리듬 앤 휴즈 스튜디오에 처음 입사했을 때 나는 내가 가고 싶어 하던 회사에서 나를 뽑아준 것만으로도 감사한 마음에 회사에서 제시하는 조건대로 계약서에 사인을 했다. 그런데 얼마 지나지 않아 내가 하는 일들이 회사의 실적에 큰 영향을 미친다는 것을 알게 되었고, 내가 중요한 일을 하는 사람이라는 자신감이 생겨났다. 그리고 얼마 못가서 내가 받는 보상이 그에 비해 너무 부족한 게 아닌가 하는 생각이 슬금슬금 고개를 들기 시작했다. 며칠을 고민하다 그냥 입 다물고 있느니 회사에다 한 번 얘기나 해보자고 마음을 먹고 매니저와 상담을 했다. 내 말을 다 듣고 난 매니저는 그 자리에서 적지 않은 액수의 연봉을 인상해주었다. 족히 몇 개월은 더 일해야 벌 수 있는 돈이 30분의 상담으로 보장된 것이었다. 연봉이 올라가고 나니 내 말에 귀를 기울여준 회사에 보답을 하고 싶은 마음에 더 열심히 일을 하게 되었다. 그리고 그 이후에 만들어낸 성과들은 여러 블록버스터 영화에 사용되어 아티스트들의 생산성을 엄청나게 끌어올렸다. 회사의 입장에서도 절대로 손해 보는 협상은 아니었던 셈이다.

종종 대기업에서 사업계획서에 대한 전문가의 조언을 받고 싶다고 연락이 올 때가 있다. 흔쾌히 약속을 잡고 나면 서너 명이 우르르 찾아와 이런저런 질문들을 하고 내가 해주는 이야기들을 열심히 수첩에 받아 적는다. 그렇게 한두 시간이 흐르고 나면 도와주셔서 감사하다는 말만 남기고 모두 흡족한 표정으로 돌아간다. 그런데 나의 입장에서는 아쉬움이 남을 수밖에 없다. 바쁜 시간을 쪼개어 도움을 주는 것인데 감사하다는 말 한 마디와 주스한 박스가 그에 대한 보답의 전부라니 말이다. 나보다 훨씬 부자인 대기업들을 위해 황금 같은 시간을 써가며 자원봉사를 할 이유는 없지 않은가. 그런데 아무리 주위에 물어봐도 다들 교수가 치사하게 돈 얘기를 먼저 꺼내기엔 차마 입이 떨어지지 않아서 그런 자리는 그냥 바쁘다는 핑계를 대고 피하는 것이 상책이라고만 했다. 그리고 얼마 후 다시 자문 요청이 들어왔다. 나는 그들을 반갑게 맞아준 후 단도직입적으로 얘기를 꺼냈다. "할리우드에서 제가 한 경험과 그동안의 연구들은 제가 평생을 쌓아온 지적재산이며 공짜가 아닙니다. 제가 드리는 정보들을 잘 활용하시면 시행착오를 줄이는데 도움이 될 것이고 새로운 기술 개발로 이익을 볼 수도 있을 겁니다. 그러면 그에 상응하는 값을 치르는 것이 옳다고 생각되는데요." 그들은 흔쾌하게 동의를 하고 관련 절차를 알려달라고 했다. 그 후로 기업들과 공동으로 진행하는 연구 프로젝트, 혹은 개인 자문 등의 다양한 계약이 체결되었다. 그리고 내가 회사를 방문하여 직원들을 위한 세미나를 해주는 일도 생겼다.

스스로 나의 분야에서 최고의 전문가라는 자부심이 있기에, 잘나가는 변호사들에 비해 나의 시간당 몸값이 결코 적지 않다고 당당하게 주장할 수 있다. 나의 몸값은 백지수표와도 같다. 나의 경험과 지식이 얼마의 가치가 있는지 결정하는 사람은 바로 나 자신이다. 백지수표에 내가 직접 액수를 써넣고 사인을 하고 나면 그것이 내 몸값이 되는 것이다.

협상은 쌍방이 함께 서로의 입장을 조율하는 자리이다. 서로가 서로를 필요로 하기 때문에 만남이 성사되는 것이므로 협상이 깨질 경우에는 위험 부담은 양쪽 모두에게 있다. 내가 미처 깨닫지 못하고 있을 뿐이지 상황에 따라서는 상대가 나를 더 간절하게 원하고 있을 수도 있다. 그러므로 상대가 나보다 더 전문가라고 해서, 나보다 더 큰 조직에 있다고 해서 내가 양보를 해야만 할 이유는 없다. 오히려 상대방이 손해를 감내할 수 있는 여건이 더 유리하므로 더더욱 내 쪽에서 손해를 봐서는 안 된다는 자세로 임하는 것이 옳다. 협상이란 서로의 이익을 조절하여 합의점을 찾아내는 일이므로 상대방이 성인군자처럼 나의 행복과 안녕을 알아서 걱정하고 챙겨줄 것이라는 착각을 가져서도 안 된다. 내가 나의 이익을 챙기기 위해 협상 테이블에 앉는 것처럼 상대방도 마찬가지이다.

협상을 잘하기 위해 가장 중요한 것은 입을 열 준비가 되어 있어야 한다는 것이다. 나의 입장과 내가 원하는 바를 정확하게 전달해야 한다. 협상에서 얼마나 나의 주장을 최대한 적용하여 관철시키느냐는 결국 나의 능력과 가치를 높이는 일이다. 그리고 나중에 내가 스스로에게 붙인 가격표만큼의 성과를 보여주기만 한다면 내가 협상 테이블에서 강경한 태도로 상대방을 얼마나 곤란하게 만들었건 상대방은 더 이상 연연해하지 않게 된다. 회사를 운영하는 입장에서, 나는 나와 한배를 타고 같이 일하는 사람들과의 협상에서 언제든 기쁜 마음으로 져주려고 노력한다. 그것이 그들이 기쁜 마음으로 회사를 위해 열 배, 백배의 성과를 내도록 만들 채찍이라는 것을 잘 알기 때문이다.

자동화인가
창의성의 발현인가

　　연구를 하고 기술 개발을 하는 사람들의 목표는 대부분 한 가지로 정해져 있다. 굳이 사람의 손이 가지 않아도 컴퓨터가 알아서 결과물을 만들어줄 수 있도록 어떻게 하면 모든 공정을 자동화할 수 있을까에 그야말로 목숨을 건다. 버튼 하나 누르고 기다리기만 하면 원하는 그림들이 척척 나온다고 생각을 해보라. 영화 한 편 만드는 것쯤은 식은 죽 먹기가 될 것이다. 수년 간의 대학 연구실 생활을 마치고 할리우드가 아직은 낯설기만 한 직장 초년병 시절 내 머릿속을 꽉 채우고 있던 것도 바로 이것이었다. 내가 만든 방법으로 아티스트의 일손을 팍팍 덜어줄 수만 있다면 얼마나 좋을까? 그래서 주어진 과제를 자동적으로 실현시켜주는 최적화 수식을 찾아다녔다. 버튼 다섯 개를 눌러 완성될 작업이라

틀을 깨려는 용기가 필요해

면 한 개만 눌러도 같은 결과를 얻을 수 있게 만들려고 애썼고, 조절해야 하는 매개 변수가 열 개라면 한두 개의 조절만으로도 같은 결과를 얻을 수 있게 하려고 고민했다. 두꺼운 사용설명서가 필요한 복잡한 기기보다는 간단한 조작만으로도 작동하는 기기가 당연히 더 편리하지 않은가? 디지털 아티스트가 사용하는 소프트웨어도 예외가 아닐 거라고 생각했다. 그러나 나의 예상은 보기 좋게 빗나가고 말았다.

내가 개발한 간결하게 다듬어진 기술들을 본 사람들의 반응은 시큰둥했다. 수학적으로 최적화된 결과가 자동으로 툭 튀어나오는 걸 보고 좋아하기는커녕 다양한 결과를 만들기 위해 자신들이 조작해볼 수 있는 버튼들은 무엇이냐는 질문으로 일관했다. 지금 본 결과가 수학적으로 최적화된 상태이므로 굳이 더 이상의 결과를 낼 필요가 없다고 아무리 친절하게 설명을 해도 아무도 내 말을 이해하려고 들지 않는 것 같았다. 이유는 간단했다. 영화의 특수효과나 컴퓨터 애니메이션은 결국 디지털 아트이다. 아트는 만드는 사람의 창의력의 결과이다. 단순 수작업들이야 최대한 자동화를 해서 생산성을 향상시키는 것이 이치에 맞는 일이지만 급작스럽게 터지는 사건의 복선으로 파도가 초현실적으로 움직인다든지 주연 캐릭터의 독특한 성격을 그대로 드러내는 특유의 걸음걸이 같은 장면에서는 담당 아티스트의 고유의 재능이 드러나야 한다. 수학적인 최적화가 예술적 감각의 최적화는 아닌 것이다.

그래서 할리우드의 아티스트들이 쓰는 소프트웨어들은 대부분 다양한 종류의 매개변수들을 제공한다. 유체의 점성을 계산하고, 표면장력을 사용할 때 시뮬레이션의 시간 단위를 좀 더 짧게 쪼개고, 캐릭터의 몸무게에 따라 스프링과 댐핑 계수를 바꿔야 하는 등 신경 써야 할 것이 한두 가지가 아닌데, 과연 그 수많은 매개변수들의 기저에 깔린 복잡한 수학 이론들을 이해하면서 제대로 사용할 수 있을까 의심을 한 적도 있었다. 그런데 놀랍게도 할리우드의 아티스트들은 변수들을 모두 자유자재로 바꾸어가며 다양한 결과물들을 만들어내는 능력을 가지고 있었다. 이해하기가 어려우면 관련 자료를 찾아서 따로 공부를 하고, 그래도 모르면 개발자를 찾아와 물어보면서 소프트웨어를 만든 사람조차도 의도하지 않았던 방식으로 각종 변수들을 조합하여 자신들이 머릿속으로 상상하는 이미지를 구현하기 위해 노력했다. 그런 그들을 보고 있자니 영화나 애니메이션이라는 장르가 아무리 엔터테인먼트라고 해도 결국은 예술일 수밖에 없는 이유를 알 수 있었다.

이때의 경험을 밑거름 삼아 나는 카이스트의 연구실에서 예술적 감각이 배제된 무조건적인 자동화 대신 아트 디렉터블(Art Directable) 자동화, 즉 아티스트가 자신의 예술적 감각을 마음껏 추구할 수 있도록 도와주는 환경의 자동화를 기치로 내걸었다. 이러한 노력은 산업계의 콘텐츠 프로덕션과 학계의 연구 활동 간의 간극을 크게 줄이는 성과를 가져왔다.

그동안 산업계와 학계 사이에는 아무리 해도 좁혀지지 않는 거리가 존재해왔다. 학계에서는 자동화를 목표로 기술을 개발하고 세계적인 논문 등을 통해, 이 기술이 애니메이션 제작을 상당 부분 자동화시키며 결과물의 품질도 오랜 시간 공들여 수작업으로 만든 것의 80~90%를 따라잡을 수 있다고 소개를 한다. 10~20% 정도의 품질의 차이나 아티스트만의 예술적인 영감의 표현 등은 마무리 수작업을 통해 보충할 수 있다는 논리이다. 그러나 이것은 그야말로 판이 돌아가는 사정을 모르고 책상놀음을 하는 데서 나오는 학계의 주장이다.

디지털 아티스트들은 자동화 기술로 만들어진 80~90% 정도 품질의 결과물을 할리우드 수준인 100%로 끌어올리기 위해서는 보충을 하는 것이 아니라 처음부터 작업을 다시 시작한다. 내 마음에 꼭 드는 멋진 건물을 짓고 싶은데 어정쩡하게 이도 저도 아닌 건물이 주어졌다면 그걸 다시 고치느니 아예 다 부숴버리고 처음부터 새로 짓는 것이 더 나은 것과 같은 이치이다. 그러니 최종적으로 작업의 마무리를 담당할 사람의 의도, 그리고 필요할 경우 개선의 용이성 등을 전혀 고려하지 않고 무조건 자동화시키는 기술은 현실적인 효용성이 상당히 떨어질 수밖에 없다. 이에 반해 우리는 아티스트들의 작업 경향을 먼저 이해하고, 그들이 자신의 예술적 의도를 표현하기 쉽도록 기술을 개발하며, 최종적인 10~20%의 마무리가 필요할 경우 주어진 결과물 위에 바로 수정작업이 가능한 쪽으로 접근 방식의 가닥을 잡았다.

　　이런 연구 노력을 발판으로 '학계와 프로덕션 간의 간극을 줄이자(Bridging the Gap between Academia and Production)'라는 기치를 내걸고 디지털 특수 효과계의 거장인 웨타 디지털의 제이피 루이스(J. P. Lewis)와 함께 2011년 국제 워크숍을 출범시켰다. 업계가 고질적으로 앓던 문제에 대한 해결책을 제시할 수 있는 국제적인 모임이었기에 첫 워크숍부터 반응은 가히 폭발적이었고, 두 번째부터 디지프로(Digi Pro, Digital Production Symposium)라는 정식 명칭과 함께 심포지엄으로 격상되어 ACM의 공식 스폰서를 받게 되었다. 그리고 웨타 디지털, 픽사, 드림웍스, 디지털 도메인(Digital Domain), 더블 네거티브(Double Negative), 엔비디아(NVidia), 오엘엠 디지털(OLM Digital) 등 세계적인 컴퓨터 그래픽스 관련 IT 회사들이 열광적으로 참여했다. 이제 학회는 내 손을 떠나 매년 할리우드 프로덕션의 연구자들과 아트 디렉터블 자동화 연구에 관심을 가진 세계적인 대학 연구자들이 자발적으로 모여 학회의 발전을 도모하고 있다.

　　할리우드를 위한 국제 워크숍의 출발점이 한국의 대학 카이스트라니 뭔가 생뚱맞은 느낌이기는 하지만 누가 시작하면 무슨 상관인가? 가려운 곳을 콕 집어내어 긁어주고, 진정으로 필요한 것을 콕 집어내어 만들어준다면 모두가 저절로 따라올 수밖에 없지 않은가? 선진국이 이런 걸 하니까 우리도 빨리 따라서 그걸 해야 한다가 아니라 선진국이 못하고 있는 것을 찾아내어 우리가 먼

틀을 깨려는 용기가 필요해

저 하는 것이야말로 재미와 의미라는 두 마리 토끼를 동시에 잡는 일이다. 다음번에는 또 어떤 것을 만들어서 사람들을 깜짝 놀라게 해줄까? 이런 생각들이 바로 하루 종일 나를 일터에 붙들어놓는 행복이다.

더 큰 시각적 자극을 찾아서

관객을 흥분시키는 좋은 영화란 무엇인가? 당연히 스토리가 탄탄하고 알찬 영화일 것이다. 그래서 영화 제작자들은 훌륭한 시나리오를 확보하려고 애를 쓰고, 그것이 대중에게 잘 알려진 소설책이든 삼척동자도 다 아는 오래된 동화책이든, 아니면 심지어 만화책이든 대중에게 다가갈 수 있는 이야기라면 가리지 않고 영화화시키기 위해 혈안이 되는 것이다. 그러나 스토리가 전부는 아니다. 할리우드에서 영화의 흥행을 위한 필수 요소로 꼽는 것 중에는 그동안 관객들이 보지 못했던 시각적 자극이라는 한 가지 요소를 덧붙인다.

흔히 말하는 블록버스터 영화들은 말 그대로 동네의 한 블록을 몽땅 날려버릴 정도의 폭발과 액션이 들어간 영화를 일컫는다. 펑펑 터지면서 무너지는 건물들, 그리고 팔랑거리는 종잇장처럼 날아다니는 차량들을 보며 관객들은 통쾌함과 후련함을 느낀다. 그런데 모든 자극이 그렇듯 시각적 자극에도 한계가 있다. 바로 '식상함'이다. '저 정도 부서지는 장면은 다른 영화에서도 여러 번 나왔던 건데.' '이번 영화는 뭐 그다지 새로운 게 없네.'라는 생각이 들면 영화에 대한 흥미도가 바로 떨어진다. 그래서 이런 관객들의 심리를 잘 알고 있는 할리우드의 영화 제작자들은 언제나 그동안 듣지도 보지도 못했던 새로운 볼거리를 만들어내야 하는 고민에 빠지게 된다.

시각적 자극은 매번 뭔가 새로워야 하고 규모도 계속해서 더 커져야 한다. 최근 만들어지는 할리우드 블록버스터들은 '블록버스터'라는 용어로도 부족할 만큼 시각적 자극의 규모가 상상을 초월한다. 엄청난 크기의 파도가 몰려와 뉴욕을 통째로 집어삼키는 장면이 나오는가 하면, LA가 지진으로 무너지고 지구 반대편에서 쓰나미가 밀려오는 등 지구 전체가 멸망의 길을 걷기도 하고, 또 다른 영화에서는 폐허가 되는 지구를 탈출하여 새 삶을 찾기 위해 우주선이 블랙홀을 통과해서 다른 은하를 누비는 장면들이 연출되기도 한다.

10년 전쯤에는 재난 영화가 서로 경쟁하듯 시각 효과의 규모를 키우면서 유행처럼 번지기도 했지만 이것이 식상해지자 영화 제작자들은 새로운 시각적 자극을 주기 위해 다시 고민에 빠졌다.

그렇게 해서 사람처럼 말하는 동물들이 출연하는 영화를 제작하게 되었다. 영화 하나가 성공하면 시각 효과를 좀 더 풍성하게 만든 또 다른 영화가 금세 나오고, 다시 더 판을 키운 영화가 나왔다. 농장에 사는 평범한 돼지와 염소가 말을 하더니 나중에는 사람처럼 표정 연기를 하는 원숭이가 영화의 주인공으로 등장하는 식이었다. 그리고 동물로도 뭔가 부족하다 싶자 이번에는 변신이 가능한 로봇이 가세하기도 했다.

관객의 입장에서야 돈을 내고 보는 영화이니만큼 지난번 봤던 영화와 비교해서 줄거리도 색다르고 눈도 더 즐거워지는 영화를 보고 싶은 것이 당연하다. 그러나 그런 기대에 부응하기 위해 매번 이전보다 더 자극적인 영상을 만들어내야 한다는 것은 할리우드 입장에서 피 말리는 부담이 아닐 수 없다. 이제 관객들에게 무엇을 더 보여줄 것인가? 환골탈태도 한두 번이지 매번 영화를 만들 때마다 새로운 무언가를 내놓기가 어디 쉬운 일인가? 그렇게 밑천이 떨어져가던 할리우드의 감독과 제작자들이 2005년 라스베이거스 쇼웨스트 컨퍼런스에 모였다. 그때 패널로 출연했던 사람들이 앞으로 할리우드 영화가 입체 시대로 가게 될 것이라는 이야기를 나누었다.

제임스 카메론 감독이 제작한 영화 〈아바타〉가 2009년 3D 입체영화로 개봉되면서 전 세계 입체영화 열풍의 시발점이 되었다고 생각하는 사람들이 많다. 그런데 사실 이러한 시도는 제임스 카메론이라는 한 유명감독의 선구자적인 노력의 결과였다기보다는 할리우드의 영향력 있는 제작자들과 감독들 간에 어느 정도 논의가 된 사안이었다고 보는 것이 정확하다. 할리우드 전체가 영화시장의 확대를 위해 관객들에게 새로운 볼거리를 동시에 제공하자는 취지에서 입체영화라는 새로운 장르를 개척하는 데 뜻을 모은 것이다. 다행히 〈아바타〉의 대성공으로 전 세계 관객들이 입체영화에 열광하기 시작하자 할리우드로서는 숨통이 트이게 된 셈이었다. 당분간은 영상에 깊이감과 생동감을 주는 입체영화라는 틀 안에서 모두 녹여내면 새로운 볼거리가 되기 때문이었다. 이제 영화가 평면 스크린을 벗어나 영화 속 물체들이 관객들의 눈앞으로 튀어나오기도 하고 스크린 안쪽 깊숙한 곳으로 들어가기도 한다. 이를 통해 영화 속의 현실이 손에 잡힐 듯 실제처럼 느껴지기도 한다. 그 이후 한동안 과거에 제작된 영화들까지 입체로 변환하여 재개봉을 하는 등 할리우드의 새로운 시각적 자극에 대한 고민은 깨끗하게 해소된 것처럼 보였다.

그러나 입체영화의 전성시대는 생각보다 그리 오래가지 않았다. 러닝타임 내내 안경을 쓰고 영화를 봐야 하는 불편함과 아무리 신경을 써서 영상을 조정한다고 해도 피할 수 없는 시각적 피로감 때문에 관객들은 입체영화를 멀리하기 시작했다. 입체영화가 어떤 것이며 어떤 감동을 줄 수 있는지 몇 번 경험을 해본 관객들이 불편을 감수하면서 모든 영화를 굳이 입체로 봐야 할 필요성을 느끼지 못하는 것은 또 다시 '새로운 볼거리'를 만들어내야 한다는 압박감에 불을 지폈다.

할리우드가 고심 끝에 만들어낸 대안 중 하나가 하이 프레임 레이트(HFR, High Frame Rate)와 같은 차세대 포맷 영화이다. 일반적인 영화는 1초에 24개의 이미지가 들어가는데 반해 HFR 영화들은 1초에 48개, 또는 그 이상의 많은 이미지를 보여준다. 그러면 관객들이 보기에 영상이 훨씬 부드럽게 느껴진다. 2012년 개봉된 피터 잭슨 감독의 〈호빗〉이 HFR 영화로 개봉이 되고 나서 그 후속편들도 같은 방식을 따랐다. 제임스 카메론 감독도 앞으로 제작될 〈아바타〉의 후속편에 이 방식을 채택하겠다는 의사를 밝힌 적이 있다. 그 외에 다수의 제작자와 감독 들이 HFR 영화의 대열에 합류할 것으로 보이지만 이 방식이 앞으로 얼마나 대중화가 될지는 아직 미지수이다.

할리우드의 노력과는 별개로 극장을 찾은 관객들에게 새로운 볼거리를 제공한다는 측면에서 우리가 최초로 개발한 스크린엑스 기술도 빼놓을 수가 없다. 그런데 스크린엑스 기술의 데모를 여기저기서 선보인 이후로 벌써 몇몇 회사들이 그 아류작들을 발 빠르게 출시하고 있다. 그 대표적인 예가 벨기에에 본사를 둔 프로젝터 전문 회사인 바코(Barco)의 이스케이프 시스템이다. 이스케이프는 스크린엑스와 차별화하기 위해 양쪽으로 뻗은 하얀색 스크린을 설치하는 방식을 택했는데 좌우를 스크린 위에 투사하기 때문에 좀

틀을 깨려는 용기가 필요해

더 고품질의 영상을 얻을 수 있다는 것이 그들의 주장이다. 그러나 기존 극장의 구조를 어느 정도 바꾸어야 한다는 단점이 있고 실제로는 좌우면과 정면 사이의 빛의 간섭으로 도리어 영상의 품질이 낮아지는 문제가 발생하는 것으로 나타났다. 바코는 이스케이프 시스템을 홍보하기 위해 몇몇 극장을 선별하여 최근 개봉한 할리우드 영화 〈메이즈 러너〉를 이스케이프 방식으로 상영하기도 했다.

중국도 최근 유맥스(UMax)라는 이름으로 스크린엑스와 거의 유사한 시스템을 만들어내면서 아류작의 대열에 합세했다. 그러나 유맥스 시스템의 기술력은 아직 초보적인 수준에 머물고 있다. 옆면에 투사하는 프로젝터에서 나오는 빛이 관객의 눈에 닿지 않도록 마스킹을 하는데 이것이 스크린엑스의 경우에는 소프트웨어를 통해 기술적으로 자동화가 되어 있는 반면 유맥스는 프로젝터에서 빛이 나오는 부분에 직접 테이프를 붙여서 빛을 차단하는 방식을 쓰고 있다. 그래도 스크린엑스 기술의 필요성을 공감했다는 부분에 있어서는 인정을 해주지 않을 수 없다.

새로운 것을 받아들이고 적응하고 극복하는 인간의 본능은 모든 문명을 발달시켜온 근원이지만 현대사회에 들어서는 그 주기가 점점 짧아지고 있다. 그래서 기술의 변화 속도가 마치 브레이크 없는 폭주기관차처럼 빨라지게 된다. 끊임없이 새로운 시각적 볼거리를 찾아야 하는 영화계의 숙제가 갈수록 어려워지고 있는 현실에 스크린엑스라는 새로운 영화 관람방식은 획기적인 아이디어가 아닐 수 없다. 유사품의 등장에도 불구하고 우리의 손으로 만든 이 신기술이 머지않아 전 세계의 극장에서 관객들을 열광시킬 그날을 생각하면 가슴이 뛴다.

몸매가 나에 대해
설명해주는 많은 것들

　　처음 '애플빠'가 생겨나기 시작했을 때 대부분 애플 제품의 새로운 기능에 매료되기도 했지만, 그중 많은 사람들이 혹했던 부분은 '예뻐서'였다. 물건 하나도 '쿨'해 보여야 히트를 치는 세상이다. 그러나 디자인이 단지 외형만을 대변하는 것은 아니다. 대학에서 디자인학과를 예술 계열로만 분류하지 않는 이유도 그 때문이다. 좋은 디자인은 내적인 기능을 가장 효율적으로 발현하게 해주기 때문에 엔지니어링의 일종으로 봐야 한다는 주장도 있다. 예를 들어 스마트폰이나 컴퓨터의 터치스크린 기능은 가장 단순화된 방식으로 사용자의 경험을 극대화시켜줄 수 있는 디자인의 결정체라고 할 수 있다. 그래서 최근 주위에서 산업디자인학과 교수들이 굴지의 IT기업에 핵심 경영진으로 영입되어가는 경우도 심심치 않게 생기곤 한다.

성능이 같아도 디자인이 좋으면 더 믿음이 가고 더 끌리게 되는 것이 비단 물건에만 적용되는 말은 아니다. 사람도 마찬가지다. 같은 능력을 가진 사람이라도 자신만의 스타일이 있고 세련된 사람이 뭔가 더 믿음이 가고 더 끌린다. 반면 거울 속에 비친 모습이야 어떻든 실력만 어디 내놓아도 부끄럽지 않을 정도라면 무슨 상관이냐고 할 수도 있을 것이다. 그러나 타고나길 그렇게 타고났다는 이유로 그 어떤 노력도 하지 않는다면 그것은 구식 컴퓨터의 자존심이다. 똑같은 CPU라도 하얗고 매끈한 얼굴로 진열대에 앉아 있는 쪽이 한 번이라도 더 눈길이 가는 현실을 외면하고 싶은 것이다. 그런데 그런 외면이 내가 차지할 수도 있었던 기회들을 빼앗아 가고 있다는 것을 깨달아야 한다.

월스트리트 저널에 몸매에 관한 기사가 실린 적이 있다. 산타 클라라 대학 배리 포즈너(Barry Posner) 교수팀의 연구에 따르면 대부분의 사람들이 몸무게가 건강과 스태미너에 부정적인 영향을 미친다고 생각해 뚱뚱한 경영자는 능력이 떨어진다고 보는 경향이 있다고 한다. 포춘지 선정 5백대 기업의 CEO들 중 과체중인 사람은 한 명도 본 기억이 없는 이유가 과체중인 임원을 긍정적으로 생각하지 않기 때문이라는 것이다. 이미지 컨설턴트인 아만다 샌더스(Amanda Sanders) 역시 과체중이 자신에 대한 통제력 부족으로 비칠 수 있고 투자자들에게 약점으로 보일 수도 있다고 지적했다.

이것이 비단 미국의 최고 경영자들에게만 통하는 얘기는 아닐 것이다. 어느 나라를 막론하고 외모와 그 외모에서 풍기는 자신감이 그 사람에 대한 평가에 영향을 미치는 것이 사실이다. 똑같은 성능이면 돈을 더 주더라도 비싼 애플 제품을 사는 것과 마찬가지이다. 그리고 이런 추세는 앞으로 더 가속화되면 되었지 뒷걸음질 치지는 않을 것이다.

몇 해 전 입시 면접에서 인성평가를 하는데 시간차를 두고 두 명의 여학생이 면접을 보러 들어왔다. 같은 과학고 출신이었는데 한 명은 날씬하고 자신감이 넘치며 발랄한 반면, 다른 한 명은 몸 관리에 그다지 신경을 쓴 것 같지가 않고 소극적인 데다 아무도 자신을 제대로 인정해주지 않는다는 식의 부정적인 얘기를 늘어놓았다. 여러 교수들이 다각도로 질문을 던진 결과 후자의 여학생의 경우 고등학교 때 다른 친구들로부터 주목을 받지 못하고 소외감을 느끼면서 위축된 생활을 한 듯했다. 둘 다 우등생이었으므로 과학고에 진학을 했을 텐데 시간이 흐르면서 결국 외모의 차이가 실력의 차이를 만들어낸 것 같아 안타까웠다.

내가 주위 친구들이나 학생들에게 자주 하는 얘기가 있다. 얼굴은 부모님 책임이지만 몸은 순전히 자신의 책임이라는 것이다. 얼굴 생김새야 좋든 싫든 부모님이 물려주신 그대로 가지고 살아야 하는 것이지만 몸은 다르다. 내가 무엇을 먹고 어떻게 사는지가 몸에 고스란히 드러난다. 몸은 내가 어떤 사람인지를 보여준다. 식사 관리와 운동을 통해 건강을 다지는 것은 단순히 자신감 있는 몸매를 유지하기 위한 것이 아니라 긍정적 사고와 최대한의 일처리 능력을 발휘할 수 있도록 나를 디자인하는 것이다.

내가 규칙적인 운동을 시작하게 된 것은 대학에 들어가면서부터였다. 한국에서 고등학교를 졸업하고 미국의 대학교에 입학했을 때 제일 먼저 나를 주눅 들게 만들었던 건 영어나 낯선 문화가 아니라 바로 같이 공부하는 학우들의 무시무시한 체력과 건강한 몸이었다. 고등학교 시절 우리는 대입에 전혀 도움이 되지 않는 체육시간을 반납하고 그 시간을 활용해 교실에서 공부를 했다. 덕분에 햇빛 한 번 제대로 쬘 날이 없었던 나는 머리부터 발끝까지 하얀 피부에 숨을 들이마시면 양쪽 갈비뼈가 훤히 굴곡을 드러낼 정도로 마른 몸을 자랑했다. 그리고 겨울만 되면 감기를 달고 사는 허약 체질이었다. 그에 비해 미국 대학교에서 만난 다른 학우들은 청소년기 내내 미식축구와 농구, 수영, 웨이트 트레이닝 등 다양한 운동으로 다져진 몸매에 자신감이 넘쳤다. 그런 그들 앞에서 나는 기가 죽을 수밖에 없었다.

그래서 나는 운동을 시작했다. 하루 한두 시간씩 일주일에 서너 번은 빠지지 않고 운동을 하는 것이 목표였고, 그때 들인 습관이 지금까지도 이어지고 있다. 운동은 몸을 다질 뿐만 아니라 자신감을 다져주기도 한다. 자기 관리의 습관은 자기 억제와 통제력을 길러주고 다른 사람의 호감을 불러일으킨다. 학생들에게 운동도

틀을 깨려는 용기가 필요해

실력의 하나이니 틈나는 대로 열심히 운동을 하라고 강조하는 이유가 바로 그것이다. 학생들의 생활 태도는 지도교수를 따라간다고 한다. 부단히 연구 성과를 내면서도 틈틈이 운동을 하며, 하나둘씩 넓고 떡 벌어진 어깨를 가지게 된 연구실 학생들을 보면 너무도 흐뭇하다.

자신을 디자인하라는 것은 늘씬한 미남미녀가 되라는 얘기가 아니다. 식스 팩을 만들기 위해 닭가슴살만 먹으라는 소리도 아니고 치장에 돈을 쓰라는 소리도 아니다. 좋은 디자인이 내적인 기능을 살리며 외형을 돋보이게 만드는 것처럼 내가 가진 몸의 기능을 최대로 활용할 수 있도록 건강과 자신감을 단련하고 나만의 개성과 스타일을 가꾸라는 것이다. 나의 몸은 내가 생각하는 것보다 더 많은 나를 보여주고 있다는 것을 잊어서는 안 된다.

어젯밤 샜으면
오늘은 망친 거야

'3당 4락'. 세 시간 자고 공부하면 대학에 붙고 네 시간 자고 공부하면 떨어진다는 이 소리를 나는 학창 시절 귀에 못이 박히도록 들었다. 그런데 직장에 들어가서도 '3당 4락'은 별로 달라지지 않는다. 잠잘 시간을 줄여가며 야근을 하고, 잠잘 시간을 줄여가며 기획안을 쓰고 회의 준비를 해야 한다. 현대사회에서 잠은 사치품이나 다름없다. 성공을 위해서는 허리띠를 졸라매는 것보다 잠을 줄이고 머리를 굴려야 한다. 누구는 3일 밤을 새고도 끄떡없더라는 이야기를 들으면 새삼 나의 저질 체력이 원망스럽고, 다음날에 대한 염려보다 당장 뇌세포들을 전기충격이라도 준 것처럼 일으켜 세울 수 있는 진한 커피와 에너지 드링크를 찾게 된다. 하루 8시간씩 자면 인생의 3분의 1인 20년을 잠으로 소비하는 것이라며

틀을 깨려는 용기가 필요해

친절한 수학적 계산을 곁들이는 사람도 있다. 그러니 피곤에 찌들어 하루 종일 침대에서 뒹굴고 싶은 마음이 들다가도 지금 내가 이럴 때가 아닌데, 하는 죄책감에 뭔가 생산적인 일을 하도록 스스로를 종용하게 된다.

사회적으로 성공한 기업가나 정치인들 중에 수면 시간이 서너 시간인 사람들도 많다고 하는데 그렇다면 과연 나도 잠을 좀 줄이고 그 시간을 활용하면 좀 더 나은 결과를 얻을 수 있을 것인가. 뇌 전문가인 카이스트의 김대식 교수가 쓴 『내 머리 속에선 무슨 일이 벌어지고 있을까?』라는 책을 보면 우리가 잠을 자는 사이에 뇌는 낮 동안의 활동으로 인해 망가진 부분을 수리하기 시작한다고 한다. 깨어 있는 동안 눈과 코, 귀 등의 감각기관을 통해 입력된 천문학적인 양의 정보들을 처리하느라 혹사당한 뇌가 잠자는 시간 동안 휴식을 취하며 손상된 부위를 회복하는 것이다. 차가 최대한 다니지 않는 시간에 차도를 수리하는 것처럼 새로운 정보의 입력이 차단된 수면 시간이 뇌의 회복에는 최적의 기회이다. 그러므로 잠을 자지 않는다는 것은 뇌에 계속적으로 과부하가 걸리는 것이다. 마치 여기저기 구멍이 뚫린 도로를 복구하기는커녕 오히려 통행하는 차량 수만 끝없이 늘려가는 꼴이다. 그러다 보면 좋지 못한 도로사정에 꽉 막힌 도로처럼 뇌의 활동도 점점 정체되기 시작한다. 그래서 하루 이틀만 잠을 제대로 자지 못해도 기억력이 떨어지고 일주일 이상 잠을 자지 못하면 정신분열증과 비슷한 환각 상태에 빠지게 된다. 고문 중에서도 가장 효과가 확실한 무서운 고문이 잠을 재우지 않는 것인 것도 이런 이유에서이다.

잠은 사치품이 아니라 필수품이다. 나는 당장 내일이 시험이고 공부를 미처 다하지 못했더라도 잠잘 시간이 되면 무조건 드러누웠다. 내일 안으로 끝내야 할 일이 산더미처럼 쌓여 있어서 몇 시간만 더 참고 고생하면 내일 아침을 맞는 기분이 훨씬 상쾌할 것이라는 유혹이 밀려와도 과감히 자리를 털고 일어나 침대 속으로 미련 없이 기어들어갔다. 내일 일은 내일 걱정하면 되고 내일 해도 잘할 수 있을 거라고 믿었기 때문이다.

사실 이런 버릇을 갖게 된 것은 아버지 때문이었다. 중학교 때 기말고사 시험을 앞두고 친구들과 같이 집 근처 도서관에서 새벽까지 공부를 하고 있으면 누나가 나를 데리러 왔다. 내일 하늘이 무너져도 잠잘 시간에는 잠을 자야 한다는 아버지의 철칙에 나도 무조건 따라야 했다. 그런데 신기하게도 공부를 다 마치지 못하고 잠을 잤어도 시험 성적이 크게 떨어지거나 하지는 않았다. 오히려 잠을 반납한 채 기어코 공부를 마친 다음날의 시험 성적이 엉망인 경우가 종종 생겼다.

대학 때 한번은 물리학 중간고사 시험이 내일로 닥쳤는데 아직 공부할 분량이 한참 남아 있었다. 밤 11시가 되어서 자러 가는 나를 보고 친구들은 놀라워하며 시험에 자신이 있느냐고 물었다. 나는 '어차피 졸려서 지금 공부해도 내일 아침이면 다 잊어버릴 것'이라고 대답했다. 다음날 시험을 보는데 역시나 공부를 하지 않은 부분에서 시험문제가 나왔다. 암기하지 못한 공식은 당연히 생각이 나지 않았지만 대신 수업 시간에 교수님이 그 부분에 대해 강의를 하시던 내용이 생각이 났다. 그래서 최대한 기억을 끌어모아 차근차근 답을 유도해나갔다. 시험이 워낙 어려웠던 탓에 100점 만점에 67점부터가 A학점이었는데 나는 93점을 받으며 일등을 해 친구들의 열렬한 부러움을 샀다. 전날 잠을 충분히 자서 머리가 맑았던 덕분이었다.

남들이 보기에는 잠잘 것 다 자면서 공부하는 내가 마치 놀고 먹는 베짱이처럼 보였을 수도 있다. 그러나 나의 뇌는 낮 동안 책을 읽고 강의를 듣고 남들과 대화를 하면서 무수히 입력되는 많은 정보들을 적재적소에 저장을 해두고 필요한 순간에 잽싸게 꺼내어 쓸 수 있도록 최선을 다해 움직이고 있다. 숙면을 통해 최적화된 상태를 유지하지 않고서는 불가능한 일이다. 그러니 데드라인을 넘기지 않으려고 밤을 새서 일을 하고 하루 종일 멍하게 있는 것보다는 하루 종일 반짝반짝한 정신으로 일을 하는 것이 데드라인을 맞추는 데에 훨씬 보탬이 된다.

그리고 잠을 설치고 난 다음날 밀려오는 짜증과 의욕 상실, 무기력감은 더 큰 마이너스이다. 자기 자신에게뿐 아니라 주변 사람들에게도 민폐이다. 잠을 잘 자고 일어난 다음날 아침은 비록 미친 듯이 바쁜 스케줄이 기다리고 있다고 해도 무슨 일이든 해치울 수 있을 것 같은 의욕과 새로운 하루를 시작하는 설렘이 생겨난다. 컴퓨터도 전원을 끄지 않고 계속 켜둔 채 몇날 며칠을 쓰다 보면 인터넷 창 몇 개만 열어두어도 과부하가 걸리고 조금만 가동해도 쉽게 과열되어 재부팅을 해야 할 때가 생긴다. 24시간 깨어 있는 좀비보다 17시간 무섭게 돌아가는 슈퍼컴퓨터가 되는 방법은 그리 어렵지 않다. 잠을 충분히 자면 된다. 그러나 하룻밤, 혹은 주말 동안 늦잠을 좀 잤다고 금세 슈퍼컴퓨터가 될 수 있을 거라는 과한 기대는 하지 말자. 매일매일 규칙적으로 적정 시간 동안 잠을 자는 습관을 잘 들여야 한다.

모난 돌일수록
눈에 띄는 법

나는 어릴 적부터 튀는 것을 두려워하지 않았다. 오락 시간에 누가 노래를 시키면 남들이 등을 떠다밀기도 전에 스스럼없이 앞으로 나갔고 모자란 노래 실력을 메우기 위해 춤까지 곁들였다. 잘하지도 못하면서 나서기만 좋아한다고 흉을 보는 친구도 있었을 테지만 굳이 신경 쓰지 않았다. 나를 보면서 재미있어하는 아이들이 있으면 그것으로 족했다. 학년이 바뀌어 새로운 친구들을 만날 때면 어색함을 깨기 위해 한 명씩 돌아가며 자기소개를 하는 시간이 있었다. 대부분의 아이들은 앞에 나가 자신의 이름을 말한 후 "잘 부탁드립니다."라는 말이 끝나기가 무섭게 후다닥 자기 자리로 돌아가버리곤 했다. 그런데 나는 남들과 똑같이 하는 것이 싫어서 내 차례가 되면 어디선가 주워들은 개그 한 토막을 즐겨 써먹었다.

"저는 이런 자리에 서는 게 참 두렵습니다. 자랑할 만한 게 뭐 하나라도 있어야죠. 그저 흠이라면, 겁나게 잘생긴 거 하나……." 이 대목에서 백발백중 웃음이 터졌다. 그리고 나에 대한 호감이 수직상승하면서 모두가 내 이름을 기억하게 됐다. 수업시간에는 질문을 하는 그 짧은 시간 동안 시선을 한 몸에 받는 것이 두려워 머뭇거리는 친구들을 대신해 선생님에게 궁금한 것을 물어보는 일을 도맡기도 했다. 이런 장난기나 튀는 행동은 나를 재미있는 친구, 또는 가려운 곳을 긁어주는 친구로 인식시켜주었고 남들에게 친해지고 싶은 사람, 아니면 적어도 쉽게 접근할 수 있는 사람으로 만들어주었다.

세미나나 강연을 나가면 대중 속에 묻힌 개인은 '꿀 먹은 벙어리'로 존재하는 것이 절대 선(善)이라는 한국의 문화를 극명하게 느끼곤 한다. 질의응답 시간이 되면 머릿속에서 그 어떤 궁금증이 꼬리에 꼬리를 물어도 대부분의 한국인들은 입을 굳게 다물고 주위를 살피기만 한다. 그러다 누구 하나가 먼저 나서서 물꼬를 트고 나서야 간신히 용기를 내는 사람이 나온다. 회의를 할 때에도 마찬가지다. 신입인 내가, 직급이 더 낮은 내가, 혹은 다른 사람들만큼 잘 아는 것도 아닌 내가 괜히 의견을 냈다가 망신을 당하면 어떡하나, 하는 두려움에 감히 입을 뗄 용기를 내지 못한다. 이에 반해 내가 경험한 외국의 경우에는 자신이 이해하지 못한 부분이나 궁금한 점에 대해 전혀 망설이지 않고 질문을 던지고 그것이 토론으로

틀을 깨려는 용기가 필요해

이어지기도 한다.

　　남들에게 피해를 주지 않는 한 튀는 것은 자유의 실현이며 개성의 발현이다. 미국에서는 남자가 머리를 포니테일로 묶고 출근하건, 괴상한 옷차림으로 거리를 활보하건, 지하철에서 커다란 녹음기를 들고 신나는 음악을 듣다 흥이 넘쳐 혼자 춤을 추건 아무도 상관하지 않는다. 남들과 다르게 보이고 남들과 다르게 행동한다고 해서 분위기 망치는 사람, 점잖지 못한 사람, 이상한 사람이라고 손가락질하지 않는다. 오히려 다수의 뒤에 숨어 자신을 내세우지 않는 사람을 무능력한 사람으로 간주한다. 그 누구도 그 사람의 진가를 대신 찾아내주려는 노력을 하지 않기에 자신을 내세우지 않을 경우 사회적인 불이익까지 받을 수도 있게 된다. 자신이 하는 일을 잘 알지 못해서 할 말이 없는 사람 또는 보여줄 게 아무 것도 없는 사람으로 낙인이 찍히기 때문이다.

　　박사과정을 밟을 때 지도교수였던 올릭 뉴만(Ulrich Neumann) 박사는 회의를 하면서 의견 개진이 거의 없는 동양계 학생들을 향해 이런 얘기를 한 적이 있다. "너의 의견을 적극적으로 피력해야 다른 사람들이 네 의견을 이해하고 거기에 의견을 덧붙이면서 너의 생각도 더 다듬어질 수 있는 것이다. 아무 말도 하지 않고 있으면 네가 도대체 무슨 생각을 하는지 다른 사람들은 전혀 알 수 없고, 더불어 너의 뛰어난 점을 증명할 방법도 없게 된다." 그것은 가만히 있으면 많이 아는 사람 쪽으로 묻어간다기보다는 도리어 꼴찌가 된다는 경고였다.

한국 속담 중에 '모난 돌이 정 맞는다'는 말이 있다. 혼자 앞으로 나서서 설쳐대다가는 주위 사람들에게 미움을 받기 십상이라는 가르침이다. '가만히 있으면 중간은 간다'는 말도 사회생활을 하다보면 심심치 않게 듣는다. 이러한 속담이나 격언들에는 어떻게든 무리로부터 튀는 사람을 막아보려는 의도가 깔려 있다. 하지만 튀지 않고 군중 속에 숨어 있던 사람들에 의해 역사가 발전한 적이 있었던가. 튀지 않고 군중 속에 묻힌 채 리더의 위치에 선 사람이 있었던가. 튀고자 하는 용기는 새로운 시도를 하겠다는 의욕의 표출이자 변화를 추구하는 원동력이다. 무리 속에 묻혀 가만히 있겠다는 선택은 스스로의 발전 가능성을 포기하겠다는 나약한 의도에 지나지 않는다.

정을 맞지 않으려고 둥글둥글, 술에 물탄 듯 물에 술탄 듯 살다 보면 큰 문제를 일으키지 않을 수는 있겠지만 정을 맞음으로써 우리의 생이 다듬어지는 과정은 맛볼 수 없게 될 것이다. 남들이 하는 대로 그저 묻어가기만 한다면 남의 인생과 나의 인생이 다를 바가 없다. 그러느니 내가 생각하는 것을 용기 있게 말하고, 내가 원하는 일을 과감히 실행에 옮기고, 내가 옳다고 느끼는 대로 자유롭게 행동하는 것이 백 번 낫다. 중간에 가만히 박혀 있는 돌이 되지 말고 모난 돌이 되어 자신의 존재감을 한껏 드러내고, 만약 필요하다면 용기있게 정을 맞아보자. 모난 부분을 속으로 감추고 있기보다 정을 맞음으로써 훨씬 다듬어지고 유용해진 스스로를 발견할 수 있을 것이다. 때에 따라서는 잘못 내리쳐지는 정의 오류와 맞섬으로써 새로운 동향을 만들어내는 선구자가 될 수도 있다. 아울러, 남이 나를 어떻게 생각할 것인지를 신경 쓰기 전에 내가 나를 어떻게 생각하는지를 먼저 신경 써보자. 남의 눈치를 보지 않고 내가 하고 싶은 것을 마음껏 할 수 있을 때 진정으로 행복을 느낄 수 있다.

마흔두 살,
카이스트 석좌교수의 '스테레오 타입'

스티브 잡스는 중요한 비즈니스 미팅이나 신제품을 발표하는 프레젠테이션에 청바지에 운동화, 터틀넥 스웨터 차림으로 나서는 것으로 유명했다. 처음에는 말 많은 사람들의 입방아에 오르내리던 그 옷차림이 언젠가부터는 혁신의 아이콘으로 자리를 잡게 되었다. 가장 편안한 옷차림을 고수했던 그는 사람들이 사용하기에 가장 편안한 IT 기기들을 차례로 만들어내었다.

2011년 카이스트에서 석좌교수가 된 뒤에도 나는 여전히 청바지에 티셔츠를 제일 즐겨 입는다. 그것이 보통 '교수'라고 했을 때 사람들이 흔히 떠올리는 이미지와 많이 다르다는 건 나도 안다. 그러나 튀기 위해서 이렇게 입는 것이 아니라 일하기에 가장 편하고 무엇보다 내가 원하는 스타일과 가장 잘 맞기 때문이다. 나는

틀을 깨려는 용기가 필요해

사회적으로 각인된 교수의 이미지를 굳이 따라야 할 필요성을 느끼지 못한다. 넥타이에 정장 차림으로 연구실에 앉아서 하루 종일 논문을 읽거나 컴퓨터 앞에 앉아서 일을 하거나 학생들과 함께 실험을 하는 것은 생각만 해도 불편하다. 그런데 '스테레오 타입'을 무시한 이런 차림새가 사회적으로 얼마나 '낯선' 것인지는 가끔 피부로 느끼곤 한다.

연구실로 찾아오는 손님들은 나를 만나고도 "노준용 교수님이랑 약속을 잡고 왔는데 교수님은 안 계신가요?"라고 묻기가 예사이고, 집 근처 단골 미용실의 미용사는 늘 짧은 머리를 유지하는 나의 직업이 막연히 군인인 줄 알고 있다가 교수라고 했더니 깜짝 놀라기도 했다. 처음 보는 학생들이 내가 박사과정의 학생인 줄 알고 편안하게 말을 걸어오기도 하고, 사람들과 명함을 주고받을 때면 내 명함과 내 얼굴을 한참 번갈아 쳐다보는 이들도 적지 않다. 그런데 이렇게 '스테레오 타입'을 벗어던진 덕분에 득이 되는 것도 많다. 의외라는 것은 그만큼 기억에 오래 남는다는 것을 의미하기 때문이다.

한번 만난 사람들은 나를 쉽게 기억한다. 그리고 내가 필요한 일이 생기면 바로 연락이 온다. 각종 국가 위원회에 참여해달라거나 세미나를 주재해달라거나 컨설팅을 요청하기도 한다. 그만큼 더 많은 기회가 내 몫이 된다는 얘기이다. 다른 교수들 중에는 그런 나를 조금 못마땅한 눈초리로 쳐다보는 이도 있다. 지식인이자 사회 지도층으로서 교수의 권위를 보여주려면 그에 걸맞은 옷차림부터 갖춰야 한다는 것이 그들의 생각이다. 그에 대해 도리어 늘 정장 차림이 불편하지 않느냐고 내가 반문하면 논리적인 이유는 없고 '그래도 교수가……'라거나 '우리나라에서 그러고 다니면 사회생활하기 힘들어.'라는 대답이 돌아온다. 실제로 국제 학회에 참가할 때면 학회 참석자가 어느 나라 출신인지 멀리서 차림새만 봐도 한눈에 알 수 있다. 다른 나라에서 온 사람들은 대부분 편안한 복장인데 비해 한국, 일본, 중국에서 온 사람들은 날씨가 더우나 추우나 대부분 양복에 넥타이 차림이라 오히려 더 눈에 띈다.

미국 LA에서 자동차로 30분 정도 떨어진 글렌데일(Glendale)이라는 도시에 말을 키우는 목장이 있다. 일반인들도 적은 돈을 내고 간단한 승마를 배울 수 있다. 생전 말이라고는 타본 적이 없는 문외한이었던 내가 어느 날 승마에 도전을 했다. 말고삐를 쥐고, 가고 싶은 방향으로 당기며 발뒤꿈치로 말에게 자극을 주는 기본적인 명령만 알면 별로 어려울 것이 없어 보였다. 조금만 연습하면 서부영화에서처럼 멋지게 광야라도 내달릴 수 있을 것 같았다. 의기양양하게 말 등에 올라타고는 배운 대로 차근차근 앞으로 나아가기 시작했다. 그런데 어느 순간 문득 내가 탄 말이 나의 지시대로 움직이고 있는 것이 아니라 앞서가는 말을 그저 따라가고 있을 뿐이라는 사실을 깨달았다. 알고 보니 그 말은 처음 나를 태웠을 때부터 어설픈 조종 실력으로 내가 완전 초보라는 것을 눈치채

틀을 깨려는 용기가 필요해

고 나의 지시보다는 자신의 판단대로 움직이고 있었던 것이다. 앞
서가는 말이 가면 자신도 가고, 서면 자신도 서고, 너무 가까워지
면 멈추는 식이었다. 그 순간부터 나는 말과 보이지 않는 힘겨루기
를 시작했다. 어떻게 해서든 내 명령에 복종하게 만들고 싶은 오기
가 발동했다.

　나는 다른 말들이 가는 방향과 전혀 다른 쪽으로 가보려고 무
던히도 애를 썼다. 일부러 목초가 우거진 쪽으로 방향을 잡아 내가
자기편이라는 것을 보여주려고도 했지만 말은 도대체가 고집불통
이었다. 다른 곳으로 가려고만 하면 머리를 흔들며 버티고, 그래도
내가 포기하지 않고 명령을 내리면 마지못해 두 걸음 정도 움직이
는 척하다가 멈추고는 다시 무리들이 있는 쪽으로 가려고 꾀를 부
렸다. 결국 승마 초보인 내가 말의 고집에 항복을 하는 수밖에 없
었다.

　나중에 목장 주인에게 이 이야기를 들려주며 이 많은 말들을
도대체 어떻게 길들였기에 무리에서 떨어져 단독 행동을 하지 않
으려는 것이냐고 물었다. 내심으로는 목장 주인이 혹시라도 말을
잃어버릴까 봐 그런 특별 훈련을 시켰을 수도 있다는 지레짐작을
했던 것이다. 그러자 그는 따로 길들인 것이 아니라 말들이 겁이
많아서 그런 것뿐이라고 대답했다. 말들은 무리에서 벗어나는 행
동을 하지 않고 단독 행동 명령이 떨어지면 본능적으로 거부하며
버틴다는 것이다. 그럼에도 불구하고 주인이나 노련한 기수가 본

능에 반하는 지시를 내렸을 때 따르는 이유는 그 명령의 권위가 무리에서 떨어지는 두려움보다 더 크기 때문이라고 했다. 승마 초보인 내가 무리에서 벗어나 다른 쪽으로 가자고 했을 때 그 명령이 씨알도 먹히지 않았던 건 당연한 일이었다.

말보다 지능도 훨씬 뛰어나고 상황에 대한 판단력도 있는 사람은 어떨까. 과연 우리는 남들과 차별화된 새로운 것을 시도하기를 좋아하고 진취적으로 사는 것을 선호하는가? 사실 사람도 말과 크게 다르지 않다. 대부분 무리에 속하고 싶어 하고, 무리 속에서 다른 이들과 같은 방향으로 나아가는 것이 진리라고 생각하고, 그것이 옳은 방향인지 아닌지 판단은 남에게 미뤄둔다. 홀로 나서서 변화를 추구하고 다수를 거스르는 것을 이단으로 치부하기도 한다. 불편하고 비합리적인 제도일지라도 그것이 오랜 세월 동안 지켜져 온 관습이라면 무조건 따르는 것이 체제와 질서를 수호하는 길이라고 믿는다. 그러나 인류의 역사를 지금까지 발전시켜온 것은 결국 남과 다른 길을 걸어온 선각자들이었다. 남과 다른 선택을 하려는 시도는 새로운 것을 가능하게 만들고 결과적으로 인간의 삶을 더 나은 방향으로 진화시킨다.

사회적 규범이나 통념을 무조건적으로 받아들이기보다는 그 효용성을 끊임없이 재평가해야 한다는 주장을 뒷받침하는 재미있는 실험이 하나 있다. 게리 하멜(Gary Hamel)과 프라할라드(C. K. Prahalad) 교수의 논문에 소개된 화난 원숭이 실험으로 한 무리의 원숭이

틀을 깨려는 용기가 필요해

들이 있는 우리의 천장에 바나나를 매달고 원숭이들이 줄을 타고 올라가면 차가운 물을 뿌리는 것이다. 원숭이들은 천장의 바나나를 먹으려고 할 때마다 물세례를 받게 되자 어느 순간부터 아예 바나나를 포기하게 되었다. 그리고 얼마 후 우리 안의 원숭이 중 한 마리를 새로운 원숭이로 교체했다. 아무 것도 모르는 신참은 천장에 매달린 바나나를 보고 냉큼 기어올라갔다. 그러자 다른 원숭이들이 그 원숭이의 앞을 막아섰다. 모두가 찬물을 뒤집어쓰게 될까봐 겁이 났던 것이다. 신참 원숭이는 그 후 몇 번 더 시도를 하다가 다른 원숭이들처럼 바나나를 단념하고 말았다. 그때마다 우리 안의 원숭이 한 마리를 새로운 원숭이로 교체해서 결국 직접 물세례를 경험한 원숭이는 우리 안에 한 마리도 남지 않게 되었다. 그럼에도 불구하고 천장의 바나나를 따먹으려고 하는 원숭이는 아무도 없었다. 그 누구도 정확한 이유를 모른 채 그저 천장의 바나나를 바라보기만 할 뿐이었다.

처음 규범이 만들어졌을 때는 나름의 이유가 있었을 것이다. 그러나 시간이 흐르면서 시대가 달라지고 환경이 변했음에도 불구하고 원래 그렇게 해왔기 때문에, 혹은 남들이 다 그렇게 하기 때문에 그 규범을 절대적인 것으로 믿고 변화를 위한 새로운 시도를 하지 않는다면 그 어떤 발전도 기대하기 어렵다.

요즘의 사회적 화두는 '혁신'과 '창의적 인재'이다. 그런데 정작 기성세대들은 '스테레오 타입'을 고집하면서 젊은이들에게 생각을 바꾸고 혁신하고 창의성을 가지라고 당부하는 것은 모순이다. 그리고 사회적 통념을 과감히 벗어던지고 자신의 자유의지대로 행동하는 젊은이들을 부정적으로 바라보는 것 역시 이율배반적이다. 그런 점에서 청바지에 운동화를 신고 대중 앞에 나섰던 스티브 잡스와 한결같이 후드티를 입고 다니는 페이스북의 창업자 마크 저커버그(Mark Zuckerberg)는 우리 모두의 롤모델이 되어야 한다. 세간의 잣대에 얽매이지 않고 생각과 행동을 자유롭게 풀어놓는 것은 상당한 용기를 필요로 한다. 그러나 용기 있는 자만이 미인을 얻는 것처럼 용기 있는 자만이 세상을 바꿀 수 있다.

틀을 깨려는 용기가 필요해

가는 길은 몰라도 되지만
최종 목적지를 모르면 답이 없다

우리 연구실은 영화의 시각적 특수효과나 컴퓨터 애니메이션 제작에 필요한 여러 가지 기술들을 개발하고, 때로는 직접 제작을 하기도 한다. 어린이용 애니메이션인 〈한반도의 공룡〉, 납량 특집 드라마 〈구미호 여우누이던〉, 가수 조용필의 컴백 뮤직 비디오 〈Hello〉, 윤미래, 타이거 JK, Bizzy의 뮤직 비디오 〈MFBTY〉 등이 우리 연구실을 거쳐간 작품들이다.

다른 공학 연구실에 비해 우리 연구실은 결과물이 요즘 젊은 이들이 좋아할 만한 것들이다 보니 전국 각지에서 많은 학생들이 찾아와 진학 상담을 요청하곤 한다. 그럴 때면 아무리 바빠도 그들의 미래에 조금이라도 도움이 되고 싶은 마음에 기꺼이 약속을 잡고 반가이 맞아준다. 그런데 상담을 하다가 내가 반드시 하는 질문

이 있다. '인생의 궁극적인 목표가 무엇이기에 대학원을 가려고 하는가. 또는 인생의 전성기라고 할 수 있는 40대에 어디에서 무엇을 하고 싶어서 우리 연구실에서 공부를 하려는 것인가'이다. 그런데 이 질문에 선뜻 답을 하는 학생들이 별로 없다. 현재 자신의 목표는 일류 대학원 진학이고 그 이후의 일은 아직 구체적으로 생각해보지 않았노라고 대답하는 것이 보통이다. 궁극적으로 성취하고자 하는 목표 없이 순간의 최선을 선택하면서 인생을 살아간다는 것은 참으로 위험한 일이다. 지향점이 없는 삶은 표류하는 배와 같

틀을 깨려는 용기가 필요해

아서 흔들리며 흘러가다가 결국 뜻하지 않은 곳에서 운명을 다할 수도 있기 때문이다.

　전산학 이론 중에 그리디 알고리듬(Greedy Algorithm)이라는 것이 있다. 선택을 해야 하는 상황에 닥쳤을때 현시점에서 가장 좋아 보이는 결정을 하다보면 결국 자연스럽게 가장 좋은 결과에 도달하게 될 것이라는 이론이다. 일견 맞는 말처럼 들리기도 하지만 사실 그리디 알고리듬은 대부분의 경우 최상의 결과를 만들어내는 데 실패한다. 그래서 가급적이면 피해야 할 이론으로 알려져 있다. 이유는 간단하다. 지금 당장은 가장 보상이 큰 선택을 했는데 그다음 이어지는 선택에서는 보상이 굉장히 적은 것들만 있을 수도 있기 때문이다. 더 먼 미래를 내다보지 못하고 순간의 선택을 한 결과인 것이다. 그리고 그리디 알고리듬은 궁극적인 목표가 정해져 있지 않아 출발에서 도착까지 큰 그림을 놓고 보았을 때 최적화 방식을 계산해낼 수가 없다.

　이것은 인생도 마찬가지이다. 단기 목표만을 정해놓고 순간의 최선에만 의존해서 살아간다면 그리디 알고리듬과 똑같은 한계에 부딪칠 수밖에 없다. 이를 극복하는 유일한 방법은 앞을 내다보는 것이다. 한 치 앞이 아닌, 궁극적인 목표를 설정하고 매 순간마다 그 목표에 도달할 수 있는 모든 경로의 비용과 보상을 고려하면서 결정을 내려야 한다. 그래야만 지금 내가 쏟아붓는 노력과 열정이 쓸데없는 삽질이 되지 않는다.

박사과정의 학생들 중에도 목표 의식이 뚜렷하지 않은 학생들이 더러 있다. 박사과정은 다른 공부와 달리 세상에 존재하지 않는 새로운 이론이나 방법론을 제시해야 한다. 내가 풀려는 문제가 답은 있기나 한 건지, 내가 택한 방향이 맞기는 한 건지 아무도 알려주는 사람이 없고 그 과정이 몇 년이 걸릴지도 알 수 없다. 그래서 시간이 흐를수록 새로운 연구에 아무런 진척도 없는 것처럼 느껴지고 심적인 부담이 상당해진다. 이럴 때 박사과정의 위기가 온다. '박사 학위를 받고 학자가 되려는 건 아니었잖아.' '이 주제는 내가 원래 연구하려던 내용이 아니었어.' '사업을 하고 싶은데 박사 학위가 굳이 필요한 건 아니야.' 혹은 '이 분야가 나와 맞지 않나봐. 어쩌다 여기까지 오게 된 걸까.' 등등 별의별 자기 합리화 각본들이 머릿속을 떠돌아다닌다. 이런 자기 의심이 깊어지다 보면 결국 박사과정을 중도에 포기하거나 겨우 턱걸이 졸업만 할 정도의 논문을 억지로 써내고는 전혀 다른 분야에 취직을 하기도 한다. 미국에서 일류 대학을 졸업하고 한국에 돌아와 식당을 운영하는 경우도 보았다.

인생을 살다 보면 당장 어디로 가야 할지 몰라 당황하는 경우가 생긴다. 목표는 정했지만 그 목표를 어떻게 이루어야 할지 몰라 막막해질 때도 있다. 그러나 최종 목적지가 분명하다면 최소한 흔들리지 않을 수 있다. 여러 가지 삶의 변수들과 어려움으로 인해 당장 면피를 하고 싶은 그리디 알고리듬의 달콤한 유혹에 빠지지 않을 수 있다. 그리고 조금의 좌절도 참지 못하여 이 길, 저 길을 기웃거리며 시간만 흘려보내는 일도 피할 수 있다.

다른 사람들이 그들의 분야에서 어떻게 얼마나 화려한 성공을 거두든 나에게 중요한 것은 나만의 목표를 이루는 것이다. 남의 떡이 더 커 보이고, 남이 하는 일이 더 멋지고 쉬워 보인다고 현재로부터 탈출하려는 자기 합리화를 선택해서는 안 된다. 자신의 최종 목적지를 전제로 한 최선의 길을 선택해야 한다. 목적지를 향해 가기만 하면 지금 한참 돌아가는 것처럼 보이는 길이 도리어 가장 빠른 길이 될 수도 있다.

새로운 기술을 개발하거나 눈에 띄는 성과를 내면 언론과 인터뷰를 하게 된다. 그때마다 가끔 나오는 질문이 다음 목표가 무엇이냐는 것이다. 나의 연구 분야에서 앞으로 더 큰 업적을 이루려는 계획을 부각시켜서 후배들이나 학생들에게 귀감이 되게 하고 싶은 의도에서일 것이다. 그래서 이왕이면 열심히 연구에 매진하여 노벨상에 버금가는 업적을 쌓겠다거나 할리우드를 뛰어넘는 월등한 기술력으로 아카데미상을 받는 것이 목표라는 멋진 대답을 해주고 싶은 마음이 굴뚝같지만 솔직한 대답을 하다 보니 본의 아니게 번번이 인터뷰 담당자를 실망시키곤 했다. 그것은 이 나이에, 그것도 교수라는 직함을 가진 사람이 하기에는 참으로 엉뚱한, 혹은 매우 유치하기까지 한 대답이기 때문이었다. "제 인생의 궁극적인 목표는 세상에서 제일 부자가 되는 것입니다. 그러면 빌 게이츠

(Bill Gates)처럼 자기도 잘 먹고 잘살 수 있고 은퇴 후 자선 재단을 설립해서 어려운 사람들도 도와줄 수 있으니 사는 게 굉장히 의미 있고 재미있을 것 같아요." 그런데 그런 대답을 듣고 난 상대방의 얼굴 표정을 몇 번 보고 나니 그다음 같은 질문을 받을 때마다 사실대로 말해야 할지 아니면 그냥 립서비스용 대답으로 얼버무려야 할지 고민이 이만저만이 아니다.

사실 부자가 되고 싶다는 것은 어렸을 때부터의 꿈이었다. 천만 원을 가진 사람보다는 1억을 가진 사람이 나을 것이고 1억보다는 10억이 더 낫고, 이렇게 하다 보니 '세상에서 제일 부자'가 목표가 되었다. 대학교 때 친구들이 나에게 A학점만으로도 충분한데 왜 굳이 100점을 받으려고 그렇게 아등바등 공부를 하냐고 묻곤 했다. 그러면 나는 "100점을 받으려고 노력하다보면 100점을 받지 못해도 A학점은 받는 거잖아. 근데 A학점을 목표로 공부하다가 혹시 실수라도 하면 B학점을 받으니까."라고 대답했다. 실제로 어떤 과목에서 B학점만 받아도 좋겠다고 하던 친구들이 C를 받았다며 괴로워하는 경우를 여러 번 보았다. 그런데 그런 친구들이 기대 이상으로 목표를 초과해서 A학점을 받은 적은 한 번도 없었다. 만약 내가 어릴 적 꿈이 교수가 되는 것이었다면 이 나이에 교수가 되어 있었을까? 어쩌면 여전히 교수가 되기 위해 노력하고 있는 중일지도 모른다. 혹시 꿈을 이루어 교수가 되었다면 목표를 달성한 기쁨으로 매일 꿈 같은 날들을 보내고 있었을까? 어쩌면 성취의 기쁨은 잠시일 뿐이고 교수라는 직업이 주는 현실적인 스트레스로 인해 괴로워하고 있을지도 모른다.

'세계 최고의 부자'라는 꿈은 내게 아주 머나먼 이상이다. 그러다 내가 실제로 이룬 것이 열 번째 부자면 어떻고 백 번째라 한들 무슨 상관인가? 만 번째 부자라도 내가 바라는 것들을 누리면서 하고 싶은 일만 하고 사는 데 아무런 지장이 없다. 진짜로 중요한 것은 저 멀리 있는 목표를 향해 가는 과정을 내가 진심으로 즐기고 있느냐, 하는 것이다. 내가 좋아하는 공부, 좋아하는 일들을 찾아서 하고, 때로는 롤러코스터를 타는 것 같은 스릴도 만끽하고, 할리우드 전문가라는 타이틀과 카이스트 교수라는 직업이 주는 즐거움도 누리고, 가끔 세상을 깜짝 놀라게 하는 신기술을 개발하며 나의 인생을 빈틈없이 채워나가면 그만이다. 인생의 목표가 무엇이건간에 그 목표에 도달해야만 행복해지는 것이 아니다. 사람이 행복을 느끼는 이유는 그 목표를 향해 열심히 노력하는 중에 언젠가는 그 목표에 도달할 수 있다는 희망이 있기 때문이다. 그러니 남들이 어떻게 보든 상관없이 나에게 의미가 있는 원대한 목표를 세우는 것이 필요하다. 분명한 목표는 인생의 방향타가 되고 내가 옳은 방향으로 가고 있다는 믿음은 하루하루를 즐겁게 만들어준다.

재밌다, 신난다, 최고다

우리 연구실에 입성하는 길은 그리 녹록지 않다. 찾아와서 상담도 하고, 열심히 준비해서 치열한 경쟁을 뚫고 학과에 합격을 하고 나면 연구실 배정 절차를 다시 한 번 거쳐야 한다. 이렇게 한 자리에 모인 학생들이니만큼 한국을 넘어 전 세계 콘텐츠산업을 이끌어갈 미래의 핵심 인력이라 불러도 모자람이 없을 것이다. 그런데 문제는 이들이 졸업을 하고 나서 갈 만한 국내 회사가 마땅치 않다는 점이다. "CG 분야가 유망한 것은 알겠는데 나중에 어떤 회사에서 일을 하게 되나요?"라는 질문에 딱히 해줄 만한 답이 없었다.

그래서 나는 세계로 눈을 돌리는 방법을 택했다. 그리고 학생들의 국제화를 위해 매년 대규모로 국제 학회에 참석하는 한편 픽사, 디즈니, 리듬 앤 휴즈 스튜디오, 드림웍스 등 할리우드 최고의 회사들을 직접 방문하여 현장 경험을 쌓음으로써 이런 회사들이 그저 막연한 동경이 아닌 현실이라는 믿음을 가지도록 했다. 그 결과 〈반지의 제왕〉, 〈아바타〉, 〈혹성탈출〉 등을 제작한 웨타 디지털에 핵심 R&D 인력으로 취업을 한 학생들도 있고, 캐나다 소재의 대표적 할리우드 CG 회사인 메소드(Method), 스캔라인(Scanline) 등에서 활약하는 학생들도 생겼다.

뛰어난 학생들이 졸업 후 세계적인 인재로 인정을 받고 글로벌하게 활동하는 것은 당연히 고무적인 일이지만 한국에서 키운 인재를 무조건 해외로만 내보내는 것도 적절하지 않을 수 있다. 그러나 국내에는 흡족한 대안이 없었다. 연구실에서 대규모 국책 프로젝트를 지원할 경우 관련 회사들과 컨소시엄을 만들어 제안을 해야 하는 경우가 종종 있는데, 그 컨소시엄을 구성할 때조차도 어려움이 많았다. 어떤 회사들은 실력은 있는데 자본 잠식이 커서 경영난을 겪고 있었고, 어떤 회사들은 자본력은 안정적인데 실질적으로 공동 연구를 수행할 R&D 인력이 크게 부족한 경우도 있었다. 그런저런 환경적인 이유들, 탄탄한 조직을 만들어 최고 부자 아빠가 되겠다는 개인적인 목표, 연구실의 성공을 상업적인 성공으로 연결시켜 학생들이 졸업 후 마음껏 더 큰 꿈을 펼칠 수 있도록 해주고 싶다는 의욕 등이 어우러져 콘텐츠 분야를 전문으로 하는 회사를 직접 만들어보겠다는 꿈을 키워나갔다. 스탠포드나

MIT 등 미국 최고의 대학들에서 교수들이 개발한 기술들을 바탕으로 회사를 만들어 성공한 사례들을 보며 내심 부럽기도 했다. 한국에서도 공대 교수들의 성공 스토리가 부각이 된다면 이공계 활성화에 도움이 될 거란 생각도 들었다.

　사실 회사를 만들어 크게 사업을 벌여 보고 싶다는 생각은 고

틀을 깨려는 용기가 필요해

등학교 때부터 간직해오던 꿈이었다. 첨단 기술을 가진 회사를 세워 글로벌한 기업으로 키워 보겠다는 상상은 마치 수천 년 전 군대를 이끌고 거침없이 대륙을 내달리며 영토를 확장해나가던 고대의 영웅이 된 것 같은 기분을 들게 해주었다. 다른 점이 있다면 그들은 무기를 개발해서 피비린내 나는 침공과 정복의 역사를 통해 위업을 달성하였지만 지금은 인재를 영입하고 신기술을 개발하여 경제적 영향력을 확장하는 무혈 전쟁이라는 점이다. 직접적인 인명의 손상 없이도 지구의 판도를 다시 그려낼 수 있다는 생각은, 그 생각만으로도 언제나 내 가슴을 쿵쾅거리게 했다. 내가 공학을 전공한 이유도, 첨단 기술 연구에 매진하는 교수가 된 것도, 이러한 생각을 하나씩 이루어가는 과정이었다. 첨단 기술 개발자가 되었으니 이제는 이를 상품화하는 회사를 만들 차례였다.

그런데 회사를 창업할 적절한 시기는 쉽게 찾아오지 않았다. 회사에 집중하려면 그 무시무시한 카이스트의 정년 보장도 먼저 받으면 좋겠고, 사업을 위해 마음 맞는 사람들도 먼저 찾아야 하고, 국내외의 인맥 풀도 더 많이 넓혀놓으면 좋겠고……. 그렇게 시간이 흐르다 미국의 서브 프라임 모기지 사태 여파로 내가 가진 모든 것을 다 잃고 바닥을 친 최악의 위기상황이 닥쳐버렸다. 더 이상 '적당한 그때'가 찾아와주기만을 기다릴 수는 없었다. 이 시기를 놓치면 고대 영웅의 기상은커녕 어려운 살림에서 벗어나기 위한 유일한 탈출구마저 날릴 것 같은 절박한 상황이었다.

2010년 초 얼마 남지 않은 은행잔고를 털어 당시 거의 전 재산에 가까운 천만 원을 자본금으로 '카이 스튜디오'를 설립하였다. 처음에는 IT 회사가 아니라 '카이(KAI)'라는 이름처럼 지식(Knowledge)과 예술(Art), 영감(Inspiration)을 아우르는 최고 품질의 디지털 콘텐츠를 전문적으로 제작하는 회사를 만드는 것이 목표였다. 내가 카이스트에 오기 전 몸담았던 리듬 앤 휴즈 스튜디오처럼 한국에도 영화의 특수효과나 컴퓨터 애니메이션을 전문적으로 제작하는 디지털 아트 회사가 필요한 시점이었기에 한국의 콘텐츠 산업을 이끌어갈 핵심적인 회사로 키우고 말겠다는 야심을 품었다. 그래서 금전적 여유가 생길 때마다 카이스트의 우리 연구실에서 개발한 기술들을 차근차근 이전해가며 회사의 디지털 콘텐츠 제작 경쟁력을 높여나갔다.

4, 5년의 시간이 흐르는 동안 회사는 조금씩 안정되어가기 시작했고 카이스트 문화기술대학원 출신의 뛰어난 학생들, CJ 출신의 엘리트들이 하나둘씩 모여들었다. 이들은 폭발적인 생산성을 발휘할 잠재력을 가진 최고의 CPU들이자 나와 함께 인적 슈퍼컴퓨터를 구성할 핵심 부품들이었다. 이들이 카이스튜디오에 입사할 때 나는 그들이 원하는 대로 조건을 맞추어주는 대신 신나게 일해서 그 열 배, 백배로 성과를 내달라고 주문했다.

어느 조직이든 구성원들이 공동으로 추구하는 목표를 구체화한 모토가 있게 마련이다. '세계 최고가 되자', '끊임없는 혁신을

틀을 깨려는 용기가 필요해

하자', 혹은 '인류에 이바지하는 사람이 되자'와 같이 사람들의 가슴을 뛰게 만드는 거창한 것들이 대부분이다. 그런데 나는 생각이 좀 달랐다. 훌륭한 목표를 세워 구성원들을 독려하는 것도 좋지만 나부터가 왜 그런 목표를 달성해야 하는지 그 이유를 찾지 못했기 때문이다. 내가 진짜로 추구하는 목표는 단 한 가지, 내가 이끄는 조직의 구성원들이 재미있게 일하고 하나씩 성취해가는 과정에서 흥분을 느끼는 것이다. 그래서 나는 우리 연구실의 모토를 '재밌다! 신난다! 최고다!'로 정했다. 굳이 세계 최고라는 목표를 독려하거나 강요하지 않아도 모든 구성원이 최고로 재미있고 신나게 일하다 보면 자연스럽게 세계 최고의 경지에 이르게 될 것이라는 게 나의 믿음이다. 어차피 해야 할 일이라면 재미있고 신나게 해치우자는데, 그런 목표에 자발적으로 동참하지 않을 이유가 없지 않은가.

우리 연구실에는 제왕적 위치의 교수도 없고 하늘 같은 선배도 없다. 모두가 지켜야 할 한 가지 규칙은 서로를 존중하는 것이다. 잘한 일에 대해서는 칭찬이 넘치고 못한 일에 대해서는 지적과 격려는 있을지언정 불편한 비판이나 비난은 없다. 그리고 성취에 대한 공은 서로의 덕으로 돌린다. 전날 밤을 꼴딱 샌 학생이라도 다음날 아침 회의에 늦는 것은 용납이 되지 않는다. 다른 사람을 기다리게 하는 것은 배려심이 부족한 것이기 때문이다. 그러나 행여 지각을 한다고 해도 회의 분위기가 험악해지는 일은 없다. 그

다음번 회의에 모두를 위한 도넛이나 커피를 들고 나타나면 된다는 걸 다들 알기 때문이다. 서로가 서로를 챙겨주는 가족적인 분위기, 공부도 운동도 놀기도 열심인 분위기가 소문이 났는지 우리 연구실은 학생들 사이에 꽤 인기가 높다. 다른 연구실에서는 우수한 학생들이 부족해서 난리라는데 우리는 매 학기마다 지원자들이 넘쳐서 골머리를 앓는다. 그리고 이들이 만들어내는 결과물들은 국제 학회와 학술지에서 인정받는 논문으로, 산업체 기술 이전으로, 적지 않은 연구비 수주실적으로 나타난다. 자타 공인 한국을 넘어 세계 최고의 연구실이다.

연구실과 회사는 그 역할이 다르다. 연구실에서는 인간의 삶을 보다 진보시킬 새로운 아이디어를 제안하고 실험을 통해 그 방법을 증명한다. 그러나 회사에서는 지금 당장 소비자가 원하는 상품이 무엇인가를 고민하고 튼튼한 제품을 만드는 것이 중요하다. 그러나 일하는 분위기만큼은 연구실이나 회사나 마찬가지이다. 신바람이야말로 최고의 동력이다.

최근 콘텐츠 쪽 사업을 축소하고 IT에 집중하려는 의도에서 회사 이름을 카이 스튜디오에서 '카이'로 짧게 바꾸었다. 카이의 채용 인터뷰는 까다롭다. 학벌과 성적보다 인성과 실력을 먼저 본다. 인터뷰를 하러 온 사람들에게 수학 문제와 프로그래밍 문제를 즉석에서 풀어보라고 할 때가 많은데 문제가 주어졌을 때 어떤 식으로 접근하는지 알아보기 위한 방법이다. 그러면 대부분 당황하

틀을 깨려는 용기가 필요해

는 표정으로 얼굴색이 바뀌면서 대답을 포기하고 만다. 내가 카이에 취직할 수 있다면 구글이나 페이스북도 문제없을 거라고 농담처럼 강조하는 이유이다.

카이에는 이런 초강도 인터뷰를 통과하고 채용된 프랑스인과 중국인도 있다. 대전에 있으면서 명실공히 글로벌 기업으로서의 면모를 갖추어가고 있는 것이다. 우리나라의 대표적인 대기업들에서 카이의 성장 가능성을 알아보고 투자 의사를 표명하기도 하고 공동의 벤처 설립을 제안한 적도 있다. 연구실의 구성원 모두가 한마음이 되어 세계 최고의 연구실로 발돋움하고 있는 것처럼, 카이의 직원들도 한마음이 되어 실리콘 밸리의 회사들을 뛰어넘을 꿈에 부풀어 있다. 그래서 지금 내가 하는 일이 너무나 신이 나고 가슴이 뛴다. 이 하루하루가 그저 주어진 일을 시간 내에 마치느라 급급해하며 사는 것이 아니라 조금씩 나의 꿈을, 그리고 나와 함께하는 모든 사람들의 꿈을 이루어가는 과정이라고 생각하면 즐겁지 않을 수가 없다. 모두에게 얘기하고 싶다. 생각만 해도 내 가슴을 꿈틀거리게 하는 즐거운 일을 찾아라. 그리고 그 일을 신나게 즐겨라. 그러다 보면 언젠가 최고가 되는 날이 온다. 그리고 무엇보다도 그 과정이 즐거웠기에 인생은 행복할 수밖에 없다.

내 삶의 기준—블록버스터 인생의 법칙

1. 성공을 위해 부단히 노력하라. 하지만 그 노력은 반드시 행복의 틀 안에서 추구하라. 행복을 깨뜨릴 가능성이 있는 성공은 열망조차 해서도 안 된다.

2. 경쟁은 과거 또는 현재의 나와 하는 것이다. 주변 사람들은 내가 나 자신과 하는 경쟁에서 이기기 위한 협업과 협동의 대상이다. 주변 사람을 경쟁의 대상으로 삼는다면 미래의 내가 자신과의 경쟁에서 패배할 수 있다.

3. 나의 활동 무대는 한국이 아니라 전 세계이다. 한국적인 잣대로 나를 얽매지 말고 세계를 기준으로 가치관과 목표를 설정하라. 그리고 끝없이 스스로에게 물어라. 나는 과연 큰 세상을 바라보고 있는가.

4. 스스로 돌아봐서 곧으면 천만인이라도 두렵지 않다. 남에게 피해를 주지 않는 한 눈치를 볼 이유도, 남의 지시를 받을 이유도

없다. 내가 원하는 대로 내 개성대로 나의 자유의지대로 행동하라. 누릴 수 있다면 떳떳하게 누려라.

5. 다른 사람들에게 내 생각을 강요하지 않는다. 생각을 관철시키기 위해 다그치지 말라. 웃는 얼굴과 다정한 목소리로도 충분히 소통할 수 있다. 목소리를 높여야만 얘기가 통하는 사람이라면 더 이상 상대할 가치가 없다.

6. 고압적으로 나를 대하거나 나에게 무언가를 강요하는 사람과는 가능한 거리를 두어라. 나는 누구에게나 존중받을 권리가 있으며 나를 인격적으로 존중해주지 않는 사람을 존중할 이유는 없다. 궁극적으로 그런 사람과는 지속적인 관계를 맺지 않는다.

7. 어떤 일을 성취하기 위해 노력하는 것은 관련된 모든 이들의 이익을 위해서다. 그래야 지시가 아닌 공감이 실천의 원동력이 된다. 공감 없는 일방적인 지시로 이루어진 일은 눈속임일 경우가 많다.

8. 구성원의 통제가 필요한 경우 못하게 하기보다는 안하게 해야 한다. 못하게 하는 것은 심적 반발을 수반할 수 있지만, 안하게 하는 것은 구성원의 자율의지를 통해 통제 목적을 실현시키게 해준다.

9. 권위보다 친근함이 기술이다. 뻣뻣하게 세운 목보다는 격의 없이 편안한 분위기가 나를 더 '같이 있고 싶은 사람'으로 만들어준다.

10. 재미가 있어야 한다. 재미가 없으면 노는 것도 노동이고 재미가 있으면 일하는 것도 놀이다.

11. 시간의 소중함을 알아야 한다. 깨어 있는 시간은 온전히 나의 발전을 위해 최대한 활용한다.

12. 결과에서 기쁨을 찾기보다는 과정에서 가치를 찾아야 한다. 성취의 열매를 맛보는 것은 순간이지만 노력의 시간은 굉장히 길다.

13. 내가 지금 진리라고 믿고 있는 것들이 사실은 편견의 산물일 가능성이 많다. 사람들은 보는 것을 믿기보다는 믿는 것을 보기 때문이다. 되도록이면 상대방의 입장에서 생각하기 위해 노력하라.

14. 나와 타인에게 피해가 가지 않는 한 해도 후회, 안 해도 후회할 것 같은 상황이라면 하는 쪽을 선택하라. 설령 후회를 하게 되더라도 경험이 남을 것이기 때문이다. 이렇게 쌓인 경험은 다음번 선택에서 올바른 판단을 내리도록 도와줄 것이다.

15. 가진 것에 만족하고 갖지 못한 것에 끝없이 목말라 하라. 만족은 현재의 행복을 가져다주고, 열망은 나를 앞으로 나아가게 한다.

틀을 깨려는
용기가 필요해

ⓒ 2015 노준용

초판 1쇄 인쇄일 2015년 12월 15일
초판 1쇄 발행일 2015년 12월 24일

지은이   노준용
펴낸이   강병철
편집   사태희, 김미나, 이미현
디자인   정혜미
마케팅   이대호, 최금순, 최형연, 한승훈
제작   이재욱, 김춘임
홍보   김상혁

펴낸곳   이지북
출판등록   2000년 11월 9일 제313-2000-188호
주소   (04083) 서울시 마포구 성지길 54
전화   편집부 (02)324-2347, 경영지원부 (02)325-6047
팩스   편집부 (02)324-2348, 경영지원부 (02)2648-1311
이메일   jamoteen@jamobook.com
독자카페   cafe.naver.com/cafejamo

ISBN 978-89-5624-450-1 (03300)

이 도서의 국립중앙도서관 출판예정도서목록(CIP)은 서지정보유통지원시스템 홈페이지
(http://seoji.nl.go.kr)와 국가자료공동목록시스템(http://www.nl.go.kr/kolisnet)에서
이용하실 수 있습니다.(CIP제어번호: CIP2015034330)